河出文庫

中世音楽の精神史

グレゴリオ聖歌からルネサンス音楽へ

金澤正剛

JN181598

河出書房新社

目次

中世音楽の精神史

グレゴリオ聖歌からルネサンス音楽へ

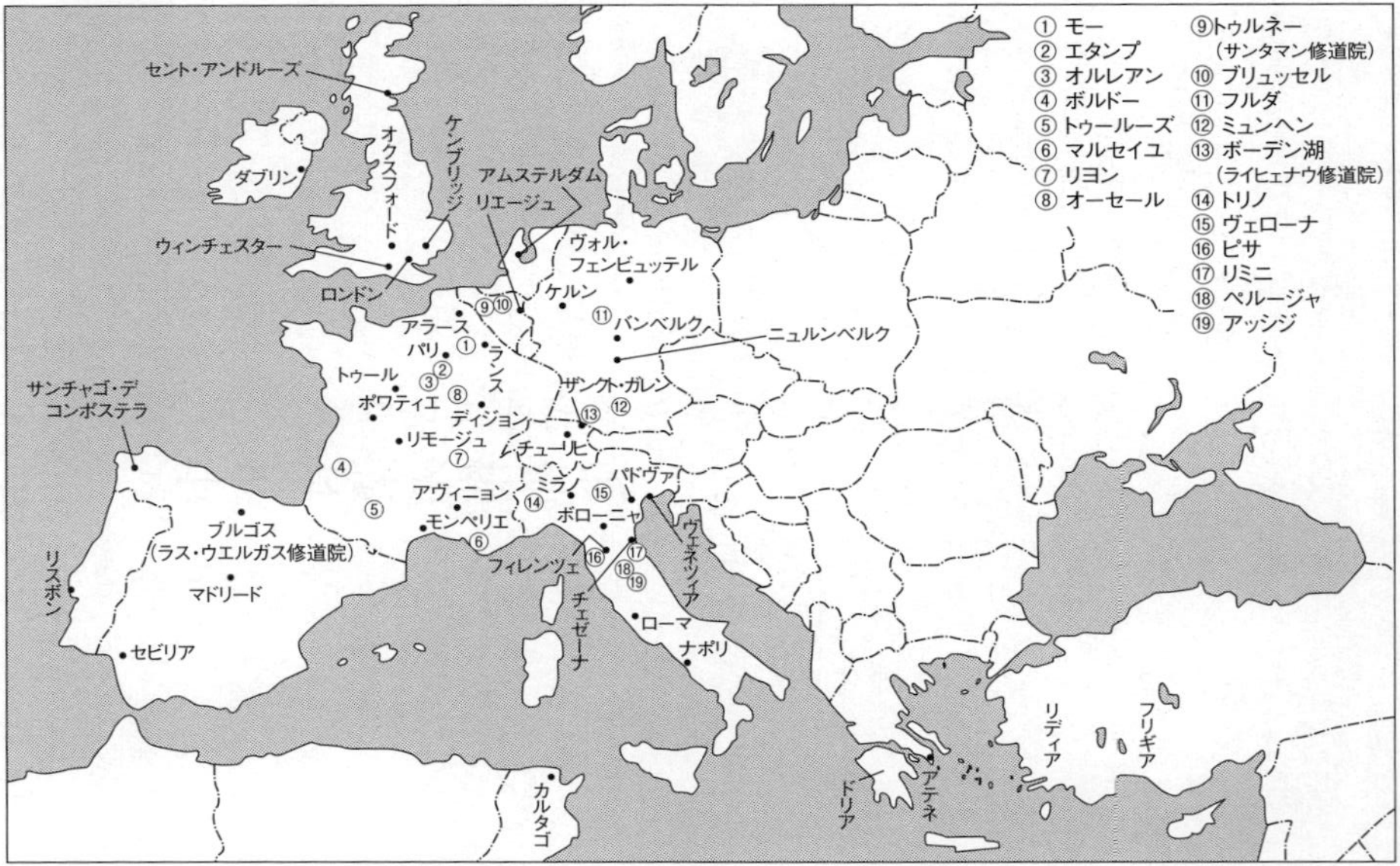

中世のヨーロッパ諸都市（国境線は現代のもの）

プロローグ——グレゴリオ聖歌と中世の教会音楽

人気は本物か

中世ヨーロッパの音楽は、かつては遠い存在であった。それが最近では急速に身近なものとなってきている。演奏会において、放送を通して、またCDなどの録音によって、中世の歌や器楽曲を耳にする機会も、次第に多くなっている。

たとえば一九九〇年代後半に盛り上がったグレゴリオ聖歌の人気を見てみるとよいだろう。スペインの片田舎の、以前には名も知られていなかった修道院の聖職者たちが歌う聖歌の録音が、CD売上のベスト・ワンになろうとは、かつて誰が想像したであろうか。

それればかりではない。日本にもすでにグレゴリオ聖歌を得意とする優《すぐ》れた合唱団がいくつも存在する。また東京の郊外には「グレゴリオの家」という、聖歌の研究と演奏をその主な目的とした施設まである。

そして一九九六年の七月には、グレゴリオ聖歌の伝統を数世紀にわたって伝えてきた教皇礼拝堂聖歌隊が、「システィーナ礼拝堂合唱団」と名乗って訪日した。とくに東京のカテドラルである目白の聖マリア大聖堂における演奏は満員札止《ふだど》めで、聴きたくても聴けなかった人たちが多数出たというほどの人気である。

しかしそのような実績を目の前にしながらも、疑問は残る。現代人は果たして正しく中世の音楽を理解しているのだろうか。音楽を通して、中世の心に本当に接しているのであろうか。こうした人気も、しょせんは物珍しさからのものに過ぎず、やがては忘れ去られてしまうのではないだろうか。

残った音、消えた音

数世紀にわたる中世の音楽には、大きく分けて四つの種類がある。

その第一は一般の民衆が楽しんで聴いた音楽で、実際には中世音楽の大部分を占めていたはずであるが、残念ながら楽譜に書き記されることもなく、消滅してしまった。その実態に関して知る手がかりになりそうなものもほとんど知られていない。

しかし考えてみればそれは当然のことであろう。いつの時代にも民衆の音楽というものは、その時その場に居合わせた人々のために存在するもので、それを作る方もまた聴く方も、遥《はる》かなる過去の世界がどうあろうとも、また未来においてどのような展開が起ころうとも、それは一切関係のないことなのである。したがって自分の音楽を

中世に存在した音楽の種類

種　類	どのような音楽か	小分類
民衆の音楽	一般民衆の音楽で、後世には残らなかったもの。	
聖　歌	礼拝で歌われる単旋律の歌で、キリスト教の場合には、聖書の言葉や聖句を旋律に乗せて歌う。最も典型的な例がグレゴリオ聖歌（正しくはローマ聖歌）である。「メリスマ」は、単旋律の聖歌において、歌詞のシラブル1つに数多くの音符を対応させて、華やかに歌うこと。	a.ミサにおける通常文：キリエ、グローリア、クレド、サンクトゥス、アニュス・デイ、イテ・ミサ・エスト。 b.ミサにおける固有文：入祭唱、昇階唱、アレルヤ唱（その英訳が「ハレルヤ」）、セクエンツィア（続唱）、奉献唱、聖体拝領唱。 c.ミサ以外の典礼で歌われるもの：詩篇、交唱、応唱、賛歌。 d.トロープス（既成の聖歌の旋律に、新たな歌詞を書き込んで歌うもの）。
歌　曲	通常、世俗的な内容の詩に音楽をつけたものを指すが、時には宗教的な内容の例も見られる。これには中世を通じて何種類かあり、後期のものにはポリフォニーによるものも現れる（ポリフォニーの可能性がある例には、＊印をつけて示す）。	a.ジョングルールやメネストリエなどの職業音楽家たちによる歌曲。これは後世に残らなかった。 b.王侯貴族や十字軍の騎士たちによって作られた歌曲。これらは家臣となったメネストリエやジョングルールたちによって、ひろく各地に伝えられた。 　1.トルバドゥールの歌 　2.トルヴェールの歌（末期の例には＊） 　3.ミンネリート（ミンネジンガーの歌） c.スペインのカンティガと、イタリアのラウダ。これらはともに宗教的な内容を帯びた大衆歌曲の性格を持っていた。 d.単旋律のコンドゥクトゥス（行列歌）。 e.＊アルス・ノヴァのシャンソン（歌曲）。詩（歌曲）の形式には次のものがある。 　1.バラード（一節の構成が aab ） 　2.ヴィルレ（同じく AbbaA） 　3.ロンドー（同じく ABaAabAB） 　4.レー（aabbcc……が基本の型） （アルファベットの大文字は言葉と旋律［音楽］の繰り返しを、小文字は旋律だけの繰り返しを示す。大文字の部分は「ルフラン［繰り返し句］」とも言う。） f.＊トレチェントのイタリア歌曲。詩（歌曲）の形式には次のものがある。 　1.マドリガーレ（aab） 　2.カッチャ（カノン） 　3.バッラータ（AbbaA）
ポリフォニー	9世紀中頃までには歌われていたものと推測される多声音楽（複数の旋律を重ねて作る音楽）。最初は単声聖歌（グレゴリオ聖歌）の一部に、対旋律をつけて歌うオルガヌムからその伝統が始まった。	a.オルガヌム（ただし平行オルガヌムをポリフォニーに含めるのには異論もある。自由オルガヌムがポリフォニーであることには疑いはない）。 b.ディアフォニアはオルガヌムの別名としても使われたが、正確には「2重唱」を意味する。 c.ディスカントゥスは、後期のオルガヌムにおいて、テノル声部の動きが活発となる部分の様式を指した。 d.クラウズラ（「プンクトゥム」とも言う）はオルガヌムのディスカントゥス様式の部分が独立したもの。 e.モテトゥスはクラウズラに、新しい歌詞をつけたもの。 f.多声のコンドゥクトゥス。 g.アルス・ノヴァのシャンソン（「歌曲」e.と重複）。 h.トレチェントのイタリア歌曲（「歌曲」f.と重複）。 i.アルス・スブティリオールのシャンソン。 j.即興によるポリフォニー（とくにイングランドで盛んになった）。

後世に残すために記録しようなどという意識は無論のこと、さらさら起こることもない。

これは今日の世界においても同じことである。今人気の歌手や演奏家のうちに、楽譜に頼っている人々はいったいどれほどいるであろうか。事実二十世紀を代表するポピュラー・ミュージックの作曲家兼演奏家のうちにも、楽譜を読む必要性を感じないと公言した人はいくらでもいる。彼らの音楽が録音によって残ることは黙認するものの、楽譜などによって自分たちの作品を歴史的に残す必要性は、とくには感じていないはずである。

中世音楽の第二が、グレゴリオ聖歌によって代表される、キリスト教の礼拝で歌われる単声聖歌である。聖書の言葉、あるいは祈りの聖句をそのまま旋律《せんりつ》の流れにゆだねて表現する音楽性には、理想的な言葉と音楽の結びつきを見ることができる。さまざまな聖歌のうちでもとくにグレゴリオ聖歌は、歴史的にもきわめて重要な役割を果たしてきた。すなわちそれは、中世後期のポリフォニー音楽に始まり、今日にまで至るヨーロッパ音楽の基礎、いわばルーツ的存在ともなったわけである。[1]

第三には、中世の特徴である封建制度のもとで、貴族社会の芸術的表現として創作された歌曲がある。これらの歌曲は、日本の平安時代に一世を風靡《ふうび》した和歌の伝統になぞらえることもできよう。

今日なお皇室の新年行事として伝えられるものに歌会始の儀式がある。それを見てもわかるように、和歌はもともと節を付けて歌って披露《ひろう》するのが本来の形であった。事実平安時代の貴族のたしなみとして、和歌を詠み、楽を奏し、舞《まい》をまうことが期待されていたことは周知のところである。

同じように中世ヨーロッパの騎士たちにも、単に武勲《ぶくん》を顕示《けんじ》するばかりでなく、詩をよみ、それに節をつけて披露することによって、知的な教養を示すことが期待されていた。とくに十一世紀末から十三世紀にかけてフランスや南ドイツで活躍した十字軍の騎士たちの中には、与えられた場において詩を作り、それに節をつけて披露する歌人たちが数多く現れるようになる。

それらの歌人たちは、かれらが用いた言語によって区別されることとなる。オク語を用いたトルバドゥール、オイル語のトルヴェール、中世ドイツ語のミンネジンガーたちがすなわちそれである。

かれらの多くは誇り高き君主、あるいはそれに仕える騎士たちであり、かれらの業績と作品は、かれらに仕えた職業的音楽家であるジョングルールやメネストリエ（日本ではあいまいに放浪芸人、ないしは吟遊詩人などと呼ばれている）によって広く伝えられた。

そして第四の中世音楽として、最後にポリフォニー音楽がある。それは九世紀の頃、グレゴリオ聖歌に対旋律をつけて歌うというオルガヌムの伝統から始まった。最初のうち、それは即興演奏によって発達したものと思われる。理論書などにおいて、どのように曲づけするかという説明はあるものの、実際に演奏に用いられたと思われる楽譜はほとんど見当たらないからである。

ところが十二世紀に入るあたりから、突然数多くのオルガヌムが楽譜に書き残されるようになる。それはひとつには、同時に演奏される旋律のやり取りが次第に複雑化して、即興演奏の領域を越えるようになったためだったのかもしれない。しかしまた一方では、そのような複雑な作品を知的な創造力の産物として記録に残しておきたいという意識が生じたためではないだろうか。

音楽史上の金字塔

事実この時代のオルガヌム、そしてそれから派生したモテトゥス、さらには十四世紀の複雑な音楽などを発展させた作曲家たちの大部分は、中世の最高の教育機関であった修道院付属学校、教会学校、または十二世紀以後急速に発展した中世大学に学んだ知識人たちであったわけである。

史上にその名を残した最初のポリフォニー作曲家として知られるレオニヌスとペロティヌスもまた、そのような知識人の代表であった。「マギステル（修士）」という、彼らの名に付された肩書がそれを物語っている。そして十二世紀後半にパリのノートルダム大聖堂で活躍していたといわれるこれら二人の音楽家が残した一連のオルガヌムが、音楽史上に輝く金字塔であることは、まったく疑う余地はない。

とくにペロティヌスが作曲した《地上のすべての国々は見た Viderunt omnes terrae》というクリスマスのための四声のオルガヌムは、おそらく現存する一三〇〇年以前の音楽作品の中でも、最も有名な作品であることに異論はあるまい。しかしその書法や様式には、現代人にとって即刻素直に受け入れることには躊躇《ちゅうちょ》せざるを得ない特徴が見受けられる。

今世紀になってペロティヌスの音楽が再評価されるようになった時、それは一部の音楽家たちによって驚異のまなざしで迎えられた。その大胆な様式に触発されて、現代ドイツの作曲家カール・オルフ（一八九五～一九八二）は名曲《カルミナ・ブラーナ》（『カルミナ・ブラーナ』は十三世紀の詞華集、三十五ページ参照）を書き上げた。しかしオルフが果たしてどれほどまでペロティヌスの音楽の本質を理解していたかは、正直のところ明らかではない。

一方ペロティヌスの音楽自体を演奏するとなると、さらなる困難が待ち構えていた。この一見奇妙な音楽を、どのようにして演奏すれば良いのであろうか。差し当たり現代人にとって目立った特徴といえば、思いがけない不協和音と、現代人の耳には三連音符の連続として聴こえる強烈なリズムであった。そこで初めのうちは、そのような特徴を強調する演奏が目立つこととなる。

現代における曲の解釈

私自身、ペロティヌスの音楽を最初に聴いた時には、少なからず驚いた。こんな音楽が実際に過去に存在したのかと、疑ってもみた。しかし後になって考えてみると、その驚きの半分は、私が聴いた録音による演奏のせいであったようにも思われる。演奏していたのは、デッソフ合唱団というアメリカのグループで、指揮はポール・ベップルという指揮者だった。

その演奏は混声合唱によるもので、しかもブラス・アンサンブルの派手な伴奏を付けていた。ベップルは明らかに六拍子で、しかも強弱を極端につけながら指揮していた。とくに不協和音のところにくるとそれを必要以上に強調し、終止にさしかかると、物凄《ものすご》い勢いでクライマックスを盛り上げていた。それはまるで宇宙の果てから、嵐が地球に襲ってくるような感じがした。

当時は同じような曲の解釈が、一般的であったようにも思う。それは過去の音楽にも、このように大胆な例があるのだということを、ことさら強調したいがための誇《こ》張《ちょう》であったと言っても良かろう。私が大学院時代を過ごしたハーヴァード大学においても、教養科目の音楽の時間に、デッソフ合唱団の演奏を聴かせていた記憶がある。教えていたのは、ハーヴァード大学グリー・クラブの指揮者としても有名だったウッドワースという名物教授であった。しかも教授はデッソフ合唱団の超ロマンチックな演奏でも満足していなかった。さらに不協和音とリズムを強調したかったらしい。そこで助手であった私に、この問題作をピアノで弾いてみるように指示した。

私は教授の意向を汲んで、なるべく大袈裟《おおげさ》に、不協和音を目立たせながら弾いた。それでも満足しなかった教授は、私の横に座って、一オクターヴ上で一緒に弾き始めた。つまりピアノ連弾によって、ペロティヌスの作品を演奏したわけである。

学生たちははじめあっけに取られて呆然《ぼうぜん》としていたが、そのうち誰からともなく手拍子を打ち始め、最後には拍手喝采となった。教授は満面に笑みを浮かべて立ち上がり、私の手を取って頭を下げながら、それに応えた。私も一応頭を下げたものの、果たしてこれで良いのであろうかという思いにかられ、割り切れない気持ちであった。

その頃、ペロティヌスや、その先輩にあたるレオニヌスのオルガヌムを演奏した例は他にもいくつかあったが、大半はおっかなびっくり歌っているように思えた。これならばまずまずと思った例には、サッフォード・ケープの指揮によるブリュッセルのプロ・ムジカ・アンティカの演奏と、ニューヨーク・プロ・ムジカに属していた頃のラッセル・オバーリン（カウンターテノル）とチャールズ・ブレスラー（テノル）を中心とした重唱による演奏がある。

中世ポリフォニーの心

しかし次第に音楽学の研究が進んで、当時の時代背景も明らかになるにつれ、おっかなびっくりや、ひとりよがりの演奏は消えて、より優れた演奏が聴かれるようになった。最近の演奏のうちでは、一九八八年九月に録音されたポール・ヒリアーの指揮によるヒリアード・アンサンブルの演奏が、とくに説得力を持っているように思う。この演奏は日本にもＣＤによって紹介されているが、ペロティヌスの作として知られる作品を、一曲を除いてすべて収録している。

ヒリアーは一九四九年生まれ、ロンドンのギルドホール音楽院の出身で、歌手として、また指揮者として活躍を続けている。趣味は読書というだけあって、幅広い分野の著書を読みまくり、自分でも著述をしばしば手がけている。そこでペロティヌスを指揮するにあたっても、中世の理論書からストラヴィンスキーの随筆までを読みあさり、作品の背景を一応学んだ上で、自分自身の解釈をかためたらしい。

その結果、かれが到達した結論は、「ペロティヌスは二十世紀の聴衆にとっては、きわめて自然に、ミニマリズムの作曲家として受け入れられる」というものであった。もちろんミニマリズムそのものは現代のものではあるが、その概念は中世音楽の慣用的手法にも通じるものがあると、代表的なミニマリズムの作曲家スティーヴ・ライヒの言葉を引用しながら、論じている。[2]

思うにヒリアーの演奏に説得力があるのも、作品が生み出された時代の考証を自分なりに試みた上で、それを現代に生かすにはどうしたらよいかと、工夫したからであろう。それはまた同時に、作曲された当時の演奏をなるべく完全な形で復元する、ということは不可能であると気づいてのことであったのかもしれない。

もし今日の世の中にペロティヌスが生き返ってヒリアーの演奏を聴いたら、「これがわたしが作った作品か」とびっくりするかもしれない。それはあるいはペルゴレージに、ストラヴィンスキーの《プルチネッラ》を聴かせるようなものかもしれない。

しかしそのようなことは、過去の音楽を演奏する際には多少なりとも覚悟しなければならないことであろう。モーツァルトも自分の作ったソナタがむやみやたらと甲高い音のスタインウェイという名のピアノで弾かれているのを聴いて仰天するであろうし、ベートーヴェンは自分のハ長調の交響曲が嬰ハ長調で演奏されているのを聴いて、「違う、違う」とわめくかもしれない。

だがそのような現代風な演奏が、まったく誤っているという訳でもない。現代の聴衆の習慣に合わせて、過去の音楽を現代の条件に従って演奏することは、十分許されることであろう。しかし一方では、なんらかの努力を重ねながら、少しなりとも作曲者の考え方に接近し、作品に対する理解を深めることも大切なのではあるまいか。

要するに、ペロティヌスがどのような音楽の響きを頭に描いてあの大曲を書いたかということを知るためには、ペロティヌス自身の心に入ってみる他はない。すでに指摘したようにペロティヌスは、その先輩であるレオニヌスと同様、当時のパリにおける代表的な知識人であった。おそらくはノートルダム大聖堂付属学校において、あるいはひょっとするとセーヌ河左岸のパリ大学かその前身にあたる学校において、教養課程を修め、自分でも教鞭《きょうべん》をとる資格を持っていた。

中世のポリフォニーが、どのような考え方に基づいて作曲され、演奏されたのであろうか。そのような音楽を生み出した当時の知識人の心とは、一体どのようなものであったのであろうか。それを知るためにはまず、かれらが受けた音楽教育とは一体どのようなものであったか、それに基づいてかれらが音楽についてどのような考え方を持っていたかを探究してみる必要があるのではないだろうか。

第一章　中世の音楽教育

1　教会と音楽教育

スコラ・カントルム

ヨーロッパ中世における最も古い教育機関として知られるのがスコラ・カントルム(「歌の学校」の意)である。しかしその起源や、初期の歴史となると、はっきりしたことはなにひとつとしてわかっていない。

教皇グレゴリウス一世(在位五九〇～六〇四)が、聖歌の普及を目的としてローマでスコラ・カントルムを創設し、自らもそこで教鞭をとったという話がある。しかしそれは、九世紀後半になって教皇ヨハネス八世(在位八七二～八八二)の命にしたがって、助祭ヨハネスが記したとされる『偉大なるグレゴリウスの生涯 Vita Gregorii magni』の中で、初めて述べられているものであり、それを文字通り事実とみなすわけにはいかない。むしろスコラ・カントルムの正統的な伝統を強調するために、権威あるグレゴリウスの名を借りた可能性が強い。

一方ローマにおいては、すでにグレゴリウス一世の時代以前に、聖歌を歌うための歌手の訓練が行われていたことは、間違いないようである。しかもそのような訓練は、歌うばかりでは十分ではなかった。歌っている歌詞の意味を理解するためにもラテン語を学ぶ必要があるし、典礼に関しても一応の知識は持っていなくてはならない。さらには聖歌を歌うことの意義を確認するためにも、音楽に関して学ぶ必要性が感じられた。

いずれにしろ、聖歌隊の訓練を目的とした教育機関が、六世紀から八世紀にかけて次第に内容を充実し、確立されていったことには間違いはない。そのどの段階で正式にスコラ・カントルムという名が使われるようになったかが、正確にはわからないだけの話である。

自由学芸

ローマのスコラ・カントルムの伝統は、やがてヨーロッパ各地の教会学校や修道院の付属学校の模範《もはん》となった。その流れに最大の影響力を与えたのが、フランス名をシャルルマーニュの名で知られるフランク国王カール大帝（在位七六八〜八一四）である。大帝は現在のフランス、北イタリア、南ドイツを含むヨーロッパ中心部を平定し、八〇〇年には教皇から西ローマ帝国皇帝の称号を授けられている。そのような統一国家を成立させることは、かれの父ピピン三世（在位七五一〜七六八）から受け継いだ夢であった。

そのピピン三世は、従来フランク王国で歌われていたガリア聖歌のかわりに、ローマに倣《なら》ってグレゴリオ聖歌を普及させようとして、聖歌隊学校を設立した。それを受けてカール大帝もさらに同様の学校を増設し、聖職者たちに「ローマの教会で行われているようなやり方で歌う」ように指示した。こうした動きはすべてかれらの統一運動、およびローマ教皇と共存するという政策と一致するものであった。

大帝はさらに宮廷付属学校を設立し、イングランドから著名な学者アルクイヌス（七三五頃～八〇四）を招き寄せて、高等教育の道を開かせた。そして七八九年の法令において、学生たちは読み書きに文法、算術、詩篇唱、そして聖歌を学ぶこと、と指示している。

アルクイヌスは晩年トゥールのサン・マルタン修道院の院長に就任し、そこを教養学の中心地とした。かれのもとで学んだ数多くの弟子たちは、ヨーロッパ各地に赴任して、かれの教えに基づく学問の道を伝えた。その教養学の基礎となったのが、典礼聖歌を学ぶことと、自由学芸を身につけることであった。

その自由学芸こそは一般に、アルテス・リベラーレスの名で呼ばれている基礎学問に他ならない。言うまでもなく、今日大学教育をめぐって盛んに論議を呼んでいるリベラル・アーツという言葉の語源にあたる。アルテス・リベラーレスの目的は、いうなれば教養人としての人格形成にある。

アルテス・リベラーレスは具体的には七つの基礎科目から成っていた。そこで日本語に訳すに際しては、「自由七科」という用語が用いられることもある。それら七つの科目はさらに、トリヴィウム（トリは「三」、ヴィウムは「道」すなわち「学科」を意味する）と呼ばれる下位三科目と、クヮドリヴィウム（クヮドリは「四」の意）と呼ばれる上位四科目に分けられていた。ちなみにこの「自由七科」の考えを中世に導入したのは、五世紀初頭にカルタゴで活躍した哲学者マルティアヌス・カペッラ Martianus Capella であったといわれる。[1]

最初に学ぶトリヴィウムは言葉の学問で、文法、修辞学、弁証法から成っていた。つまりまず語学力をつけ、聖書や重要な書物を読解する実力を養った上で、言葉を用いて表現する技術を磨けということである。

続いて学ぶクヮドリヴィウムは数の学問で、それには算術、幾何《きか》学、天文学、音楽が含まれていた。なぜ数の学問が重要視されたかというと、当時のキリスト教的な考え方によれば、神が創造した全世界は素晴らしい調和によって創られている、その調和の根本原理は数の関係上に成り立っている、したがって数を学ぶことによって調和の謎を解明することができるはずであり、さらには神によって創られた世界についてより詳しく知るための手がかりを得ることができる、という根拠によるものであった。

『算術教程』と『音楽教程』

それにしてもなぜ音楽が数の学問に含まれるのか。実は音楽と言っても、この場合それは作曲したり、演奏したりして楽しむ現実的な芸術としての音楽ではない。上に述べたような調和の根本原理そのものを「ムジカ」、すなわち「音楽」と呼んだのである。芸術としての音楽は単に、そのような根本原理としての「音楽」から生じた現象のひとつに過ぎない、と考えたのである。

そもそも宇宙の諸原理が厳格な数の法則によって律されているという考え方は、古代ギリシャに起源する。そしてそのような思索原則が中世のキリスト教社会に取り入れられるようになったのは、いわば古代と中世の橋渡し役を演じたボエティウス Anicius Manlius Severinus Boethius（四八〇頃～五二四）やカッシオドルス Magnus Aurelianus Cassiodorus（四八五頃～五八〇頃）らの著作を通してであった。

算術、幾何学、天文学に音楽を加えてクヮドリヴィウムの名で呼んだ最初の学者は、知られる限りにおいてボエティウスであった。かれはローマの貴族の出であったが、少年時代に父親と死に別れ、同じく貴族のシュンマクスのもとに引き取られ、ギリシャ哲学や教養諸学を中心とする教育を受け、成人してはシュンマクスの婿《むこ》となり、その片腕として政治家の道を歩むようになる。

当時のイタリアは東ゴート人のテオドリック王に支配されていたが、カッシオドルスの推薦もあって重用されるようになり、五一〇年には執政官、さらに五二二年には諸官僚長官として活躍することとなる。ところが元老院の議員のひとりアルビヌスが反逆罪に問われた際にそれを弁護したことから、かれ自身も投獄され、遂には処刑されてしまった。

クヮドリヴィウムに関する著作は、かれが青年時代にまとめたもので、恩師でもあるシュンマクスに献呈《けんてい》されている。四つの数学的学問のそれぞれに関して著述したものであったはずであるが、今日まで伝えられているのはそのうちの『算術教程 De institutione arithmetica』と、不完全な形の『音楽教程 De institutione musica』の二書である。このうち後者は、中世の修道院や教会学校において、音楽を学ぶ際の最も権威ある教科書として用いられるようになった。

ライヒェナウ大修道院とザンクト・ガレン大修道院

アルクイヌスの流れを汲む修道士たちが、音楽を含めての教育に携わった修道院付属の学校は、フランスから南ドイツにかけての地域に多く見られた。なかでもとくに代表的であったのが、現在のスイス東北部からドイツ国境にかけての地域に存在した二つのベネディクト会の大修道院であった。

そのひとつライヒェナウ大修道院は、ボーデン（コンスタンツ）湖上に七二四年に設立されたが、その設立のきっかけを作ったのはピピン三世の父、シャルル・マルテルであるとも伝えられる。当然のことながら、孫であるカール大帝は、この大修道院にさまざまな特権と援助を与えることとなる。

ライヒェナウ大修道院に付属学校が設立されたのは大修道院長ヴァルドの時代（七八六～八〇六）で、カール大帝の教育方針にもとづいて、トゥールのサン・マルタン修道院の例にならって創られた。図書室には数多くの蔵書が集められ、八二一年の記録によれば、四百巻を越す図書が所蔵されていたという。その中には数多くの詩篇集や聖歌集が見られ、また一方ではボエティウスをはじめ、アウグスティヌスやカッシオドルスの音楽に関する著書も含まれていた。

音楽史に関する限り、ライヒェナウ大修道院の全盛時代は十世紀から十一世紀にかけてであったと考えられる。とくに大修道院長ベルノ（在職一〇〇八～四八）は旋法別に編集された聖歌集である『トナリウム（トナリウス）』の作者として、またその弟子ヘルマヌス・コントラクトゥス（一〇一三～五四）はセクエンツィア（続唱）などの新しい聖歌の作曲者として、また理論書『音楽論 De musica』の著者として、史上にその名を残した。

一方もうひとつのベネディクト会の根拠地ザンクト・ガレン大修道院は、六一二年にアイルランドの修道士聖ガルスがこの地に庵《いおり》をむすんだことに由来するという。約一世紀後の七二〇年にその庵の責任者となった聖オトマルが修道院を設立し、さらにそれをカール大帝の後継者であるルートヴィヒ（ルイ）一世（在位八一四〜八四〇）がフランク国王直属の修道院としたことから、ヨーロッパきっての知的活動の中心地として栄えるようになった。

今日ザンクト・ガレンを訪れる者は、その栄華に満ちた歴史を目《ま》の当たりにすることができる。大修道院自体は一八〇五年に廃院となったものの、その図書館は最も伝統的な修道院付属図書館のひとつとして残されている。そしてその蔵書の中には、九世紀起源の、現存する最古の聖歌譜の例も含まれている。

その九世紀はザンクト・ガレンにとって華麗な黄金時代となり、数多くの音楽家や理論家を擁したことでも知られる。中でも代表的であったのは、『カール大帝伝』『聖ガルス伝』、そして『賛歌集』の著者として知られるノトケル・バルブルス（八四〇頃〜九一二）と、音楽家であるとともに、詩人、画家、彫刻家でもあったというトゥオティロ（九一五年没）である。

さらにその一世紀後には、同じザンクト・ガレン大修道院の付属学校で、ノトケル・ラベオ（九五〇頃〜一〇二二）が教鞭をとっていた。彼はボエティウスや、マルティアヌス・カペッラのドイツ古語への翻訳者として知られる一方、オルガンのパイプを測定するなどの実用的な著作をも残している。

音楽を学ぶ際の裏と表

このように、ライヒェナウやザンクト・ガレンで活躍を続けた音楽家たちは、一方ではボエティウスの著作などに基づく音楽理論を修めるとともに、他方では実際に聖歌を作ったり、歌ったり、楽器を演奏したりする技術をも学んでいた。それらはいわば音楽を学ぶ際の裏と表のような関係にあった。つまり両者は互いに必要な存在であったのである。

これら二種類の音楽教育の分野は、のちに思弁的音楽であるムジカ・スペクラティヴァ musica speculativa と、実践的音楽であるムジカ・プラクティカ musica practica とに、明快に区別されるようになる。しかしこの時代の音楽家にとっては、両者の区別は未だ明らかではなく、思弁的な音楽理論を日常の音楽の実践にどのように結びつけるかで、かなり頭を悩ましていたのではあるまいか。

それはともあれ学問としての音楽を含む教育は、何もスイスの山奥ばかりでなく、フランス、北イタリア、南ドイツなどの大きな教会や、修道院の付属学校でも盛んに行われていた。なかでも有名なものには、パリのノートルダムをはじめ、ランスやシャルトルなど、北フランス一帯の司教座聖堂の付属学校があった。

現在のベルギーから北フランスにかけての、いわゆるフランドル地方とその周辺においても、ごく早い年代から音楽教育が確立していた痕跡が見られる。それはこの地域がカール大帝の影響下にあったことと、無関係ではない。

フランス国境に近いベルギーの古都トゥルネーで活躍していたフクバルドゥス（八四〇頃〜九三〇）は、そのような音楽教育を受けて育った修道士の典型であった。かれはトゥルネーのサンタマン大修道院の付属学校で学んだ後、オーセールやフルダなどを巡って研鑽を積んでから、最後にはサンタマンの修道院学校長として戻ってきた。

フクバルドゥスがボエティウスを学んでいたことはかれ自身述べているところであるし、プラトンやマルティアヌス・カペッラを知っていたこともまず間違いない。ただしかれはボエティウスを鵜《う》呑《の》みにするようなことはせず、より現実的な議論を展開した。かれにとって大切だったのは、聖歌のあり方を考察し、それに従って聖歌を作り、歌うことであって、理論はそれを裏付ける手段であったのである。[2]

また、今日では東ベルギーの中心的都市として発展しているリエージュには、聖ラウレンティウス大修道院の他に、近郊の聖トロン（聖トライデン）大修道院もあり、その付属学校は九世紀から十世紀にかけて、とくに隆盛を極めた。ちなみにカール大帝が八一四年に他界した際に、それを悼んで作られた哀歌の作者は、聖トロン大修道院長コロンバンであったとも言われている。

リエージュとその周辺の修道院や教会の付属学校における音楽教育がいかに優れたものであったかは、やがてその中から優れた音楽家や理論家が数多く現れるようになったことからも証明される。かれらの多くには、ボエティウスを中心とする思弁的な音楽理論を修めた上で、より現実的な演奏の問題に取り組む姿勢が窺《うかが》われるのが注目される。

一一〇〇年頃に『音楽論 De musica』を著したヨハネス・アッフリゲメンシスなどは、そうした理論家の代表である。かれが果たして何者であるかは、従来議論の的となっているところで、イングランド出身のジョン・コットンであるとも、ロレーヌかフランドルの出身であるとも言われてきた。ただしブリュッセル近郊のアフリゲム大修道院の修道士であったということは、おそらく間違いないところであろう。

真の音楽家の条件

ヨハネスの『音楽論』もまた、プラトンやボエティウスの伝統的な音楽論に言及した上で、グイード・ダレッツォ（九九〇年代～一〇三三以後）のソルミゼーション（音の高さとシラブル〔ウト、レ、ミ、ファ、ソ、ラ〕を対応させて歌う歌唱法。グイードが考案したかは不明）の説明、教会旋法、記譜法、ポリフォニーなどの具体的な説明に移っている。またとくに興味深いのは、音楽の理を熟知している「ムジクス」と、理屈は抜きにして歌ったり、楽器を演奏したりしている「カントル」とを、明確に区別していることである。

このようにムジクスとカントルとを対照的に論ずることは、すでに以前より一般的となっており、以後数世紀にわたって言い伝えられることとなる。しかもその区別はかなり極端なもので、たとえばグイード・ダレッツォの作と伝えられる韻文においては、楽理を十分にわきまえているムジクスこそが真の音楽家で、カントルのように楽理に無頓着で、ただひたすら演奏する者は野獣と異ならない、とまで極言している。[3]

このような態度はとりも直さず、音楽教育の必要性を重視していたことを示している。それも単に実践的音楽を学ぶばかりでなく、思弁的音楽をも習得することが要求されていた。つまりそれが真の音楽家であるための条件とも考えられたのである。そのような思弁的音楽の研究が、マルティアヌス・カペッラ以来の伝統的な自由学部の一部であったことは、今更言うまでもないことである。そしてそのような自由学芸を習得した上で、教養人の仲間入りをすることが、当時の知的な青年たちにとって人生の第一の目標ともなった。こうして学問を目指す若者たちの間に、次第に熱気が高まっていくこととなる。

ところでそのようにして修道院や教会の付属学校で学んだ学生が、一人残らず聖職者となる道を選んだわけではない。かれらの中には学問を修めて教養人の資格を得た上で、世俗的な世界に戻っていった者も決して少なくはなかった。また時の権力者や有力者の間には、そのようにして戻ってきた教養豊かな若者を優遇する風潮も見られた。

その結果、十世紀の末あたりから、フランス、ドイツ、北イタリアを中心に、権力に縛られずに放浪の旅を続ける学生や、自由を求めて修道院を飛び出した修道士の姿が多く見られるようになった。かれらは単なる浮浪者とは異なり、教養人としての待遇を受け、宮廷に食客として招かれたり、教師として尊敬を集めたりもした。

ゴリアールの存在

やがてかれらはゴリアールの名で呼ばれるようになった。その語源は、大食漢を意味する「グラ gula」と関係があるとも言われる。かれらのうちに、美食家が多かったということでもあろうか。

ゴリアールたちは詩人であり、また音楽家でもあった。そしてかれらが十三世紀初期に書き残した詩集が、ミュンヘン近郊のベネディクトボイレン大修道院の蔵書の中から発見された。その詩集は、ボイレンのラテン語名ブラーナにちなんで、『カルミナ・ブラーナ』と名付けられて、今日に至っている。

『カルミナ・ブラーナ』によって代表されるゴリアールの詩歌には、時代の風刺や、宗教的な比喩を盛り込んだものが少なくない。取り上げる主題には恋愛、酒宴、賭博《とばく》などの世俗色に満ちたものも多いが、一方では論議や訓戒を含めたものもある。

たとえば代表的なゴリアールとして知られるオルレアン出身のユーグ・プリマス（一〇九五頃～一一六〇以後？）は、ポワティエ、パリ、アミアン、ラン、ボーヴェ、サンスなどを巡り歩いて、風刺に富んだ作品を残した。しかしその一方では教師としても高く評価され、「第一人者《プリマス》」の称号で呼ばれるようになった。

また「アルキポエタ」の名で知られるゴリアール（一一三〇頃～六五？）は、ケルン生まれの騎士の出で、聖職者であったことが知られているものの、あえて実名は残さなかった。「アルキポエタ」とは、すなわち「大詩人」という意味である。かれの代表作である『告白』は巧みな言葉の表現に満ち、かれがいかに言葉の学問を熟知していたかということを示している。

このようにして、九世紀から十二世紀にかけて、自由学芸を身につけた教養人の活躍は次第に社会の知的活動を高めるようになる。この時代、急速に数多くの著作や理論書、楽譜などが現れるようになるのも、まったく偶然ではないのである。音楽においても当然のことのように新しい聖歌が生み出され、ポリフォニーが発達した。

やがてより豊かな知識を求める若者たちの数も、急速に増加の傾向をたどることとなる。そしてかれらの学問への欲求を満たすためには、従来の修道院や教会の付属学校だけでは対応しきれなくなる。当然のことながら、新しい教育機関の創立が求められることとなる。そこでいよいよ中世大学の登場となる。

2　中世の大学の起源

ボローニャ大学創立九百年の祝賀

音楽が中世大学で教えられていたという事実は、現代の日本に住むわれわれには、どうも腑に落ちないことかもしれない。しかし、そうなった背景には理由がある。そして、その理解のためには、中世の大学がどのように成立したのかを調べてみる必要があるだろう。

一九八八年のこと、世界最古の大学として知られるイタリアのボローニャ大学が、一年にわたる祝賀の行事を行った。それは、大学創立九百年を祝って行われたものであったが、まずその前行事として一九八七年八月二十七日から九月一日にかけて、国際音楽学会の第十四回大会が開催されている。

そこでは日本を含めて世界各国から九百人の音楽学者を集めての充実した研究発表や討論が展開された。さらにそれに先立ってそれを企画運営する母体としてこの大学に、「音楽及び演劇の学科 Dipartimento di musica e spettacolo」が設立された。実はボローニャ大学にはかつて十五世紀半ばに創設されながら、その後消滅してしまった音楽学科が存在した。今回新設された学科は、見方によってはかつての音楽学科を復活したものだと言うこともできよう。

以後一年以上にわたって、さまざまな記念行事が続けざまに行われた。大学全体の行事もあれば、人文科学、社会科学、自然科学、応用科学、医学の五つの学部単位で行われる行事もあり、さらには展覧会や音楽会も開催された。そしてそのきわめつけは一九八八年九月十三日から十八日にかけて、ヨーロッパを中心としながらも世界中の大学の学長を集めて行われた最終行事であった。

日本からも東京大学や慶應大学など、いくつかの大学の学長またはその代理が出席したが、「今日の世界における大学」という主題のもとで、数多くの講演、討論、シンポジウムが催され、最後の日には全員が正装して町の中央の広場に集まって、「大学憲章 La Magna carta delle università」に署名したわけである。

実は私自身、国際基督教大学の学長の代理として、この記念すべき行事に参加する機会に恵まれた。その一週間にわたる華やかな行事の数々はきわめて印象深く、未だに脳裏《のうり》に生き生きとよみがえってくるが、とくに最終行事の式典で、世界各国の学長たちが色とりどりのガウンをひらめかせながら行った行列の場面は忘れるわけにはいかない。

ところでそうなると、ボローニャ大学の創立は一〇八八年ということになるが、それは果たしてどのような根拠によるものであろうか。さまざまな人に尋ねてみたが、主催者である大学総長ファビオ・ロヴェルシ・モナコ教授をも含めて、誰ひとり確信をもって答えてくれる人はいなかった。

一〇八八年と記された古文書に、大学の存在を暗示するものがある、と教えてくれた友人に、さらに詳しく聞いてみたが、その古文書がどこにあって、どんな資料なのかは、教えてくれた本人も知っていないようであった。また万一それがあったとしても、それをそのまま信じてよいものかどうかは保証の限りではない。

はっきりとした答えが聞けなかったかわりに、百年前の一八八八年に創立八百年記念の行事が開催され、当時ボローニャ大学教授で、イタリア統一運動の支持者として知られ、のちにノーベル賞を受賞した詩人ジョズエ・カルドゥッチが情熱的な演説を行い、出席者全員を大いに感激させたという話を、繰り返し聞かされた。察するに、それからちょうど百年たったので、九百年記念を祝うことにした、というのが本音であるように思えてならなかった。

ウニヴェルシタスとコッレギウム

確かにボローニャにおいては、すでに十世紀の頃から数多くの学者たちが住み着くようになり、かれらの教えを受けるために各地から若者たちが集まり始めたということは間違いないものと思われる。それが次第に組織化され、やがて大学という形態をとるまでとなるわけであるが、果たしてどの時点をもって大学が成立したとみなすかとなると、それを明確に決定づける記録は残されてはいない。

大学が創立されたといっても、今日のようにまず開校の許可を受け、校舎を建て、教授陣を揃《そろ》えた上でカリキュラムも組んで、さあ若者たちよ入学しておいでというのとは話が違う。そもそも史上最古であるということは、「大学」という概念さえはっきりしていなかったわけである。したがってこの場合、「一〇八八年に大学を発足させる」などという記録が残っているはずもない。

つまりこの場合かなり後になって、気がついてみるとしっかりとした教育機関が確立していて、大学という名で呼ばれるようになった、というのが真相であろう。事実客観的にボローニャ大学が確かに存在していたと確認できるのは、一一五八年に、時の神聖ローマ帝国皇帝フリードリヒ一世がボローニャ大学の法学生に特許状を授与した時点である。

ただしその頃までにはこの町に、法学を中心とした大学がすでに長年にわたって存在していたことも、確実である。事実十一世紀末の時点ですでにピポ Pipo という名のローマ法の専門家が、続いては注釈学派の祖といわれるイルネリウス Irnerius が、さらに十二世紀に入ると教会法の権威として知られるグラティアヌス Gratianus が教鞭をとっていたといわれる。[4]

ボローニャという町の歴史は紀元前八世紀ときわめて古く、古代エトルリア時代にはフェルシーナの名で栄えていた。紀元前一九六年にゴール（ガリア）人によって占領され、その七年後にローマの支配下に置かれた段階でその名をボノーニャと改めた。それが訛《なま》ってボローニャとなるのはかなり後年の話である。

ローマ時代にはこの町を中心に、西北から南北に向かって延びるアエミリア街道が完成し、以後交易と商業の中心地として栄えることとなる。紀元後六世紀にはゲルマン系のロンバルディア人によって占領され、八世紀後期にはカール大帝によって自由都市として解放されたものの、九〇二年にはハンガリー人の略奪を経験するなど、波《は》瀾《らん》に富んだ歴史を歩んでいる。しかしやがて再び勢力を取り戻し、経済的にも北イタリアきっての豊かな生活を送ることができるようになる。

その頃から学者たちがこの地に定着するようになったのには何よりも、住み易かったという現実的な環境があったものと思われる。また第二の理由としてボローニャには、グラティアヌスが根拠地とした聖ヴィターレをはじめとする教会や修道院がすでにいくつか存在したという好条件があった。というのも、当時の知識階級の代表とも言える学者たちの圧倒的多数は聖職者であって、キリスト教の施設を中心に活躍していたからである。ちなみにかれらのもとに馳《は》せ参じた若者たちの中には、放浪の学徒として知られるゴリアールたちが数多く含まれていたという可能性も、十分考えられる。

学生の数が増えるにつれ、この小さな町で生活し、勉強を続けていく上でさまざまな困難な問題に対処していく必要に迫られるようになった。そこで学生たちは自主的に組合を組織し、それをウニヴェルシタスと呼び、学生の生活面での問題ばかりでなく、教課や教師の選定さえも管理するようになる。

これに対して教師たちもコッレギウムという組合を作り、教師の加入認定や、謝礼の額などの問題を組織的に扱うようになる。しかしこの時代のボローニャでは、主導権はあくまでも学生組合にあった。言うなれば、教授会の上に学生会があったことになる。そしてそのような状態は、十四世紀に教師への俸給制度が確立するまで続く。

ちなみにウニヴェルシタスとコッレギウムが、のちのユニヴァーシティーとカレッジの語源であることは言うまでもない。今日の日本ではそのいずれをも「大学」と訳してしまっているが、その起源においてはこのような違いがあったわけである。ただし、これら二つの用語がその後も常に、最初ボローニャで用いられたのとまったく同じ意味で用いられていたわけではない、ということも付け加えておく必要がある。

パリ大学

こうしたボローニャの伝統とは対照的に、パリ大学でははじめから教師たちが主導権を握っていた。そしてその背景には、十二世紀から十三世紀にかけてこの大学が、次第にはっきりとした教育機関として形成されていった歴史がある。この場合にもまた、果たしてどの時点において、大学が正式に発足したと認められるかとなると正確な答えは得られそうにもない。「ウニヴェルシタス」という用語が、この大学に関して初めて記録に現れるのは一二〇八年のことであり、それは教師の集団に対して用いられたものであった。また最初の「コッレギウム」として知られるソルボンヌ学寮がロベール・ド・ソルボンヌによって創設されるのは一二五七年頃のことである。しかし十二世紀の中頃にはすでに教師組合にあたるような組織が存在していたと思われる記録も残っており、その段階ですでに大学は成立していたという考え方もある。

パリにおいてはそもそも以前からノートルダム大聖堂付属学校という権威ある教会学校が存在していた。その学校で十一世紀の末に教鞭をとっていたのが著名な神学者ギヨーム・ド・シャンポー Guillaume de Champeaux（一一二一年頃没）である。かれのもとには各地から有能な若者たちが集まってきたが、その中に若き日のピエール・アベラール Pierre Abélard（一〇七九頃～一一四二）が含まれていた。

ところがやがてこの師弟間で、激しい論議が交わされるようになり、血気に溢《あふ》れるアベラールは恩師を徹底的に攻撃した上で、大聖堂が建つシテ島からはセーヌ河を隔てて南にあたるサント・ジュヌヴィエーヴの丘に根拠地を移し、別の学校を作ってしまった。

論議はますます白熱化し、結局ギヨームが負けて引退して、市の城壁外の左岸にサン・ヴィクトール修道院を創設する。それは一一〇八年のことであった。しかしその後もギヨームは弟子たちを集めて教え続け、その門下からはユーグ Hugues（一一四一年没）をはじめとする有能な学者が現れ、いわゆるサン・ヴィクトール学派の基礎を固めることとなる。

一方アベラールはギヨームが去った大聖堂付属学校に招かれて、教鞭をとるようになるが、当時ノートルダムの参事会会員であったフルベールの姪《めい》にあたるエロイーズと恋愛事件を起こした結果ノートルダムを去り、以後波瀾に富んだ生涯を送ることとなる。にもかかわらずかれの教師としての名声はその後も高く、学生たちはかれの後を追って移動し続けた。イングランドの哲学者ソールズベリーのジョンが一一三〇年代にパリで学んだ際には、すでにその頃までに戻ってきていたアベラールの講義を聴いたことが知られている。

ちなみにジョンの友人として知られ、のちにカンターベリー司教となったトーマス・ベケットもまた、この頃パリに学んでいる。さらにのちにポワティエの司教となったジルベール・ド・ラ・ポレ Gilbert de la Porrée（一〇七六〜一一五四）や、北イタリア出身のペトルス・ロンバルドゥス Petrus Lombardus（一一〇〇頃〜六〇頃）も、この頃パリにいたことが知られている。大学成立の気運はまさに熟していたのである。

教授免許権

十二世紀半ばの時点でパリにおける学問の根拠地としてはシテ島の大聖堂付属学校の他に、南のサント・ジュヌヴィエーヴの丘の上の学校、そしてその東寄りの丘の下のサン・ヴィクトール修道院付属学校の三つによって代表されていた。この三者はシテ島からセーヌ河の左岸にかけて、ほぼ三角形の地点に位置している。ヨーロッパ各地から集まってきた学者や学生たちは、この三角形とその周辺に定住するようになる。彼らの日用会話は当然のことながらラテン語で交わされた。そこでこの地域をラテン地区《カルティエ・ラタン》と呼ぶようになったわけである。

このような状態の中から果たしていつの時点から統合された教師組合の活動が表面化するようになったかは明らかではない。ひとつの問題は、誰が教授免許を正式に認めるかということから起こった。過去においてその権限は、当然のことながら付属学校の運営に当たっていた大聖堂当局にあった。

しかし教育の実態が大聖堂から溢れ出てラテン地区一体に拡がり、その動きをまとめるためにもマギステルの称号で呼ばれていた教師の団体、つまり教師組合の必要性が次第に明らかとなった時点ですでに、教授免許を認める権限を教師組合に移すのが自然であることは誰の目にも明白となっていたはずである。

さらにこの特許をめぐり、パリの市当局が絶好の財源と思いつき、認可手数料を取り始めたらしい。というのも時の教皇アレクサンデル三世が一一六六～六七年に命令を下し、パリの市長が教授免許を認めるための手数料を払わせることを禁じているからである。ちなみにこの教皇は、青年時代ボローニャ大学で教鞭をとっていたことが知られている。

もっともこれほど良い金蔓《かねづる》をパリ市長がそうやすやすと手放すはずもない。その後も手数料を取り続けたことは、以後十三世紀初頭にかけて何度となく教皇が同じような命令を繰り返していることからも推察される。そこで遂にインノケンティウス三世(在位一一九八～一二一六)の代になって、教授免許権を教師組合に移すことを正式に認めることになる。

実はインノケンティウス自身、パリで学んだ経験を持っていただけに、内部事情を

学が成立していたという根拠となっている。

教養諸学のマギステル全員に宛てて出した手紙で初めて、かれらに「ウニヴェルシタス」という言葉で呼びかけている。それがひとつには、少なくともこの頃までには大学が成立していたという根拠となっている。

オクスフォード大学とケンブリッジ大学

　このようにして、法律学を中心に発展した学生主導のボローニャ大学と、神学中心で教師主導のパリ大学は、その後次々に創設されることとなる中世大学の模範《もはん》ともなった。

　たとえば北イタリアのパドヴァには、法学や教養学を教える学校がすでに十二世紀に存在していたらしいが、一二二二年にボローニャから教師や学生たちの一部が大挙して移ってくるという事件が起こり、今ではその年をもって大学が成立したものと考えられるようになっている。こうして生まれたパドヴァ大学が、ボローニャ大学の慣習をそのまま受け継ぐことになったのは当然であろう。

　一方パリには、かなり早い時期からイングランドからの学生たちが来て学んでいた。そうしたかれらの一部が、十二世紀半ばを越えた頃から帰国してオクスフォードに集まってくるようになった。そして世紀末までには大学の体制がほぼ整っていたものと思われる。

ところが一二〇九年のこと、このオクスフォードで、学生処刑事件という出来事が起こり、大勢の学生や教師がケンブリッジに移住してしまった。これがすなわちケンブリッジ大学の起こりである。

五年後の一二一四年になって、オクスフォード大学初代総長としてロバート・グロステスト Robert Grosseteste（一一六八頃〜一二五三）が就任し、さまざまな改革を進めていくこととなる。かれは数年にわたってパリに学び、音楽に関する著書を残していることでも知られている。

十三世紀半ば頃に学生数も増加したところで、かれらを住まわせ、共同生活を通してさらに学問の道に励ませるための学寮、すなわちカレッジが次々に設立される。それぞれのカレッジには必ず礼拝堂があり、聖歌隊が活躍する。そしてその伝統は、今日に至るまで続けられるところとなる。

なかでもオクスフォードのクライスト・チャーチ聖歌隊、ケンブリッジのキングズ・カレッジ聖歌隊やセント・ジョンズ・カレッジ聖歌隊などの名演奏は、日本の聴衆にも親しまれているところであるが、その歴史はこのように数百年の昔にまでさかのぼるのである。

初期の中世の大学にはこのように、ボローニャ大学のように法律学を目指していたものと、パリ大学のように神学を目指していたものの他にもうひとつ、南イタリアのサレルノ大学や南フランスのモンペリエ大学のように、医科大学として発展したものがあるが、その成立過程に関してはここでは深入りしないでおこう。

中世人の精神的基礎

中世の大学では究極の目的が何であるにせよ、いずれの場合においても最終的な学問の道に進む前に、学徒としての実力を確立するために、教養諸学を習得することが義務づけられていた点において共通している。

その教養諸学こそは、数世紀にわたって修道院や教会の付属学校で教えられていた自由学芸を引き継いだものであった。そしてその自由学芸のなかでもとくに高度の学問と見なされた音楽においては、ボエティウスの『音楽教程』の最初の二巻が、音楽を学ぶ際の最も権威ある教科書として用いられるようになった。[5]

つまり中世大学においてこの著書は、必修の書であって、その内容は、当時の教養人、とくに音楽に興味を持つ者にとっては知っておかなくてはならない常識だったわけである。無論のこと、その間数世紀を経るあいだにさまざまな解釈が加えられたり、異論がとなえられたりして、ボエティウスの考え方が鵜呑みに受け入れられていたわけではない。

しかしこの著作が中世の人々の音楽に対する考え方の出発点となっていたことには、異論をはさむ余地はない。ちなみに九世紀以後十五世紀にかけてこの著作は何度となく手写され、今日知られているコピーの数は不完全なものを入れると百三十七に達するという。

また印刷術が発達した十五世紀末に最初のボエティウス全集が出版された際に、まず一番目に出版されたのが『音楽教程』であった。中世の理論書において、この著書からの引用や解説を含む例は数限りない。

さらに十四世紀の前半にヨハネス・デ・ムリス Johannes de Muris が発表した『ボエティウスにもとづく思弁的音楽 Musica speculativa secundum Boetium』が当時の知識人の間で競って読まれたということからも、ボエティウスの長年にわたる影響力が推察されよう。

そのように、音楽にかかわる中世人の精神的基礎ともなったボエティウスの『音楽教程』とは、一体どのような著作なのであろうか。ここで改めて、その内容を確認しておく必要があるのではなかろうか。

第二章　ボエティウスの音楽論と中世知識人たち

1　ボエティウスの『音楽教程』

難解な理論書

中世の音楽を語る時、ボエティウスの名前はあまりにも名高い。にもかかわらず、彼の音楽論とはどのようなものであるかと聞かれると、それに易々《やすやす》と答えられる人はきわめて少ないだろう。

古楽を学ぶからには一度なりともボエティウスを完全に読み通してみようと思い立ったものの、半分にも達しないうちにあきらめた、という話もよく聞く。事実かれの『音楽教程』を読み通すのにはかなりの根気と努力が要る。

かくいう私も大学院時代に中世音楽理論のゼミナールにおいて、この難解な理論書を読まされた経験があるが、正直な話、読んだ内容のうちのどれほどまでを実際に理解したのかは、きわめておぼつかない限りであったことを思い出す。

とはいうものの古楽を語るにあたって、この著作は避けて通るわけにはいかない関所のようなものである。したがってボエティウスがこの著書の中に、一体どのようなものを盛り込んだのかを、一度は見ておかなくてはならないだろう。

そこでこの著作の内容を、私なりのまとめ方でここで概説してみることにしよう。それも中世の高等教育の教科書として用いられたという第一巻と第二巻は、とくに念入りに調べておきたい。それによって、ボエティウスが実際にどこまでを論じているのか、この際はっきりさせておきたい。

ボエティウスの『音楽教程』のうち、今日に伝えられているのは、最初の四巻と、第五巻の前半までである。[1]最初の四巻は、ボエティウス自身も言及しているように、主として数比例論を中心としたピュタゴラス派の理論を、二世紀初頭のギリシャの学者ニコマコス Nikomachos の著作を通して要約したものと思われる。また、第五巻以降はプトレマイオス Klaudios Ptolemaios（?〜一六一）の『ハルモニア論 Harmonika』をラテン語に訳したものが中核となっている。

つまりそこに盛り込まれているのは、著者自身のオリジナルではなく、代表的な古代ギリシャの音楽論をラテン語に訳して、著者なりにまとめたものである。しかしそのまとめ方が実に緻密かつ一貫しているところに、この著書が数世紀にわたってこの分野における権威とみなされることとなる理由がある。

宇宙の魂は音楽的調和によって一体となっている

まず第一巻であるが、ボエティウスはその中でかれの「音楽」に関する基本的な考え方を説明しているだけに、とくに注意をはらって考察しておく必要がある。この巻はさらに三十四の短い章に分かれている。その第一章において著者はプラトンの言葉を引用したりなどしながら、音楽を学ぶことの重要性を強調している。「聴覚は音を理解する能力を備えているが、単に異なる音の違いを判断し、確認するばかりでなく、実際に快く、きちんと調律された音に対しては喜びを感じ、調子が狂って辻褄《つじつま》が合わない音には嫌悪感を持つ」のが普通である、と述べた上で、「四つの数学的学問において、音楽は他の三つの学問と、真理を探究することにおいては共通している。しかし音楽だけは思索するばかりでなく、道徳にも関連している」と、その優位性を強調している。

それは、「人間の本性にとって、快く調律された［音］によって慰められ、その逆の場合は［心を］かき乱されることほど、あたりまえなことはない」からであり、プラトンが「宇宙の魂は音楽的調和によって一体となっている」と言ったのは正しかった、と結論づけている。[2]

さらに調律の仕方はその人の心を反映し、みだらな心はみだらな調律に、また荒々しい心は刺激的な調律に反応する。調律の仕方によってリディア旋法とか、フリギア旋法などと、しばしば特定の地方（各々現在のトルコの中部と西部にあたる）の名で呼ぶのも、そのそれぞれがその地方の人々の好みを示しているからである、という。

続いては人の心が調律の仕方によっていかに影響されるかという話となり、フリギア旋法の音に興奮したタオルミナの若者を、ピュタゴラスが調律の仕方を変えさせることによって鎮《しず》めた話や、テルパンドロスとアリオンが歌の力でレオボスとイオニアの市民たちを重い病から救った話などを例に挙げながら議論を進め、最後に次のような言葉で締めくくっている。

> これらのことから、音楽がいかにわれわれの本性と一体であるかということ、もしそれを拒否しようとしても、それと無関係でいることはできないのだということについては、疑いの余地がないように思われる。それゆえ、知性の力によって、それが持って生まれた性質を科学的に解明し、理解しなければならない。
>
> 教養人がものを見る時、ただその色と形を認識するだけでは十分でなく、その特徴を探求するのと同じように、音楽家は単に旋律を楽しんでいるばかりではなく、それがいかに音の高さの比率を通じて構成されているかを知っている必要がある。[3]

以上の議論、そしてとくにこの最後の言葉から、『音楽教程』の最大の目的が調和の概念を解明することにあり、具体的には音楽において音の高さの比率がどのように構成されているかを分析することにあるということが明らかになる。

音楽の三つの種類

第二章においてボエティウスは、音楽には三つの種類があると述べている。すなわちムジカ・ムンダーナ（「宇宙の音楽」）と、ムジカ・フマーナ（「人間の音楽」）と、ムジカ・インストゥルメンターリス（「器具の音楽」）の三種類である。

第一のムジカ・ムンダーナは「特に天空そのものに観察されるもろもろの事物や、［四大］元素の組み合わせや、四季の変化に認められる」もので、そのお蔭で「天空の機構は音も立てずに迅速《じんそく》に動く」が、「その音はわれわれの耳には達しないものの、そのように大きな物体が非常に速い速度で動くのに、まったく音を発さないわけがない」はずである、という。

第二のムジカ・フマーナについては、「自分自身について十分理解する者は、それが何であるかを悟《さと》る」であろう、なぜならば、「ちょうど低い音と高い音とを注意深く調律してひとつの協和音を生み出すのと同じように、一種の調和なしに、理性の霊的な特質が肉体と合体する」ことは出来ないからだ、と説く。

そして第三のムジカ・インストゥルメンターリスは「さまざまな道具に内在するといわれるもので、弦楽器のように張力によって生ずるものと、アウロスや水オルガンのように空気を吹き込むことによって生ずるものと、くぼんだ形の青銅製の楽器のように打撃によって生ずるもの」があるという。

そして最初の二種類に関しては後で十分に説明すると約束した上で、まず論じなければならないのは第三のムジカ・インストゥルメンターリスであるから、「前口上はこのくらいにして、いよいよ音楽の基礎原理に関して論じよう」と言って、この章を閉じている。[4]

ところがボエティウスはわれわれの知るかぎり、二度とムジカ・ムンダーナやムジカ・フマーナに関する説明をする機会を持たぬまま、終わってしまう。したがってこの二つの概念に関しては、上記のようないささかあいまいな説明に頼るほかはなく、後年の議論の源となっている。

音と数比例の関係

さていよいよ第三章から、音と数比例の関係の話に移る。まず音が生じるためには、衝撃によって「動き motus」が生じなければならない。「動き」には速いものと遅いものとがある。音はその「動き」が速ければ高く、遅ければ低く聞こえる。

ひとつの弦《げん》を張った場合、きつく締めれば音は高く、ゆるめれば「動き」も遅くなり、音も低くなる。弦に衝撃を与えた際、それはひとつの長い音を生じるように聞こえるかもしれないが、実はそれは無数の音の連続なのであり、その間隔が疎であれば音は低くなり、密であれば音は高くなる（つまり振動数をこのように表現したものと考えられる）。

二つの音をくらべた場合、双方の「動きの数値」が平等ならば、それは同じ高さの音となる。不平等ならば異なる高さの音を生じ、その関係は数的関係で示すことができる。そしてそのような数的関係は五種類に分類することができる（第四章）。たとえば小さな数値に対して、大きな数値がその倍数であれば、その関係は「ムルティプレクス」と呼ばれる。それを近代的な数式で表すと、次のような比になる。[5]

ムルティプレクス　$an : n$

さらに残る四種類を同様に表示すると、それぞれ次のような比になる。

スーペルパルティクラーリス　$n+1 : n$（但し$n \geqq 2$）
スーペルパルティエンス　$n+m : n$（$n \geqq 2$　$m \geqq 2$　$n \neq m$）
ムルティプレクス・スーペルパルティクラーリス　$kn+1 : n$（$k \geqq 2$　$n \geqq 2$）
ムルティプレクス・スーペルパルティエンス　$kn+m : n$（$n \geqq 2$　$m \geqq 2$　$n \neq m$）

これらの数比例関係のうち、協和音を含むのはムルティプレクスとスーペルパルティクラーリスである（第六章）。

ピュタゴラスの発見

なかでもとくに音楽的な協和音を生ずるものとして挙げられるのが次の五つの数比関係で、それぞれ右のような協和音を生じる（第七章）。

ドゥプラ	2：1	ディアパソン（完全八度）
トリプラ	3：1	ディアパソン・クム・ディアペンテ（完全十二度）
クヮドゥルプラ	4：1	ビス・ディアパソン（二オクターヴ）
（以上ムルティプレクス）		
セスクィアルテラ	3：2	ディアペンテ（完全五度）
セスクィテルツィア	4：3	ディアテッサロン（完全四度）
（以上スーペルパルティクラーリス）		

高い音と低い音との間の距離を「音程」と呼ぶが、それが上記のような協和音程で

あれば耳に快く響き、それ以外の不協和音程であれば不快感を与える（第八章）。それはかった。

ではこのような音と数比例の関係を、一体誰が最初に見つけ出したのか。それはかのピュタゴラスであった、とボエティウスは説明する（第九～十一章）。

ある日のこと、鍛冶屋《かじ》の前を偶然に通ったピュタゴラスは、何人かの職人たちが打っている槌《つち》の音が共鳴して快い協和音を発していることに気づいた。最初それはそれぞれの槌を打っている職人たちの力の入れ方であると考え、職人たちに槌を持ち替えて打ってみるように頼んだが、それぞれの槌の音は打ち手が替わっても、変わらなかった。

そこでさらに調べてみるうちに、音の高さの違いは、その槌の重量の違いと関係あることに気づいた。すなわちそこにはちょうど五本の槌があったが、他の槌と不協和音を生ずる槌一本を除けば、他の四本の槌の重さは次のような数比の関係にあることがわかったのである。

12：9：8：6

つまりこれら四本の槌が生じる音の間には、ディアパソン（12：6）、ディアペンテ（12：8、または9：6）、ディアテッサロン（12：9、または8：6）といった協和音程が含まれていることがわかったのである。

続いてボエティウスは、人の声について言及している（第十二〜十四章）。人の声には二種類あって、話す時や、朗読する時の声をシュネケース *συνεχής*（連続的）と呼び、歌う時の声をディアステマティケー *διαστηματική*（間隔的）と呼ぶ。

このうち後者においては、音の高さを計量することによって音程を生じることがわかる。ただし人の声には限りがあって、それぞれの人に与えられた音域がある。人の声はちょうど小石を水の中に投げ入れた時に起こる波のように空気中を伝わる、と説明する。

次に音程とそれを構成する二つの音の間の比率に関してさらに詳しく調べてみる（第十五〜十九章）。完全五度《ディアペンテ》と完全四度《ディアテッサロン》の差は全音《トヌス》で、その比率はセスクィオクターヴァ（9：8）であるが、これは協和音ではない。

その全音をさらに分割して半音《セミトヌス》を得ようとする時、全音を均等に分割することはできない。つまり、9：8の比率を18：16として間に17を挿入した場合、17は18と16のちょうど真ん中とはならない。

そこで全音を分割する場合、大半音（17：16）と小半音（18：17）に分割せざるを得なくなる。また完全四度から二つの全音を取り除いた残りの音程（256：243）は、上記二つの半音よりさらに小さな音程となる。[6]

完全八度《ディアパソン》は完全五度と完全四度との和で、五つの全音と、二つの半音とから成るが、その二つの半音を足しても全音にはならないのである。

音階の基礎

続いて議論はキタラ（今日のハープに似た、古代ギリシャの撥弦楽器）の調弦を例に取りながら、古代ギリシャの音階構造の説明となる（第二十～二十五章）。「ニコマコスによれば、音階は最初きわめて単純で、単に四つの弦から成っていて、それはオルフェウスの時代までそのままであった」という言葉で説明が始まる。[7] その四つの弦は、実はピュタゴラスの槌と同じ比率で調弦されていた。

その後次第に弦の数が増し、やがて八弦に、さらには十五弦になったところで音域は二オクターヴに達するまでとなる。その間のいきさつや、それぞれの弦がどのように名付けられていったかを、ボエティウスは実に事細かに説明しているが、その詳細はここでは省略することとしよう。ただその結果最終的に、どのような音階構造に到達したかを、かいつまんで説明しておくこととしよう。

古代ギリシャにおける基本的な調弦の方法は、基準となる弦からセスクィテルツィアの比率を用いて完全四度の音程を得ることから始まる。さらに上下二つの音の間に、一定の法則に従って二つの音を定めたもの、つまり四つの音を含む完全四度の音程をテトラコルド（「四本の弦」の意）と呼ぶ。

ボエティウスもまた音階を分析するにあたって、複数のテトラコルドを積み重ねたものとして説明している。そしてそのテトラコルドには、間に置かれる二つの音の位置によってさまざまなものがあるが、基本的なものには三種類あり、それぞれディアトニック類、クロマティック類、エンハーモニック類と呼ばれる、としている（第二十一章）。

ディアトニック類では完全四度を下から上に、半音《セミトヌス》一つと全音《トヌス》二つに分割する。これに対してクロマティック類は半音二つと短三度《トリヘミトヌス》一つに、エンハーモニック類では四分音《ディエシス》二つと長三度《ディトヌス》一つに分割する（図1）。

さてそのテトラコルドを二つ重ねた上で、さらに下に全音一つを付け加えると、一オクターヴが完成する。そしてさらに同様のオクターヴを上にも重ねると、四つのテトラコルドを含む二オクターヴが成立し、これを大完全音階と呼ぶ（図2）。

テトラコルドの分割法は、ディアトニック、クロマティック、エンハーモニックのいずれによってもよい。しかしそれら三種類の分割法の中で、一番普遍的であったのがディアトニック類であることから、以下の説明はディアトニック類を例にとって説明することとなる。実はそのようにして得られた音階こそは、今日に至るヨーロッパ音楽における音階の基礎に他ならない。

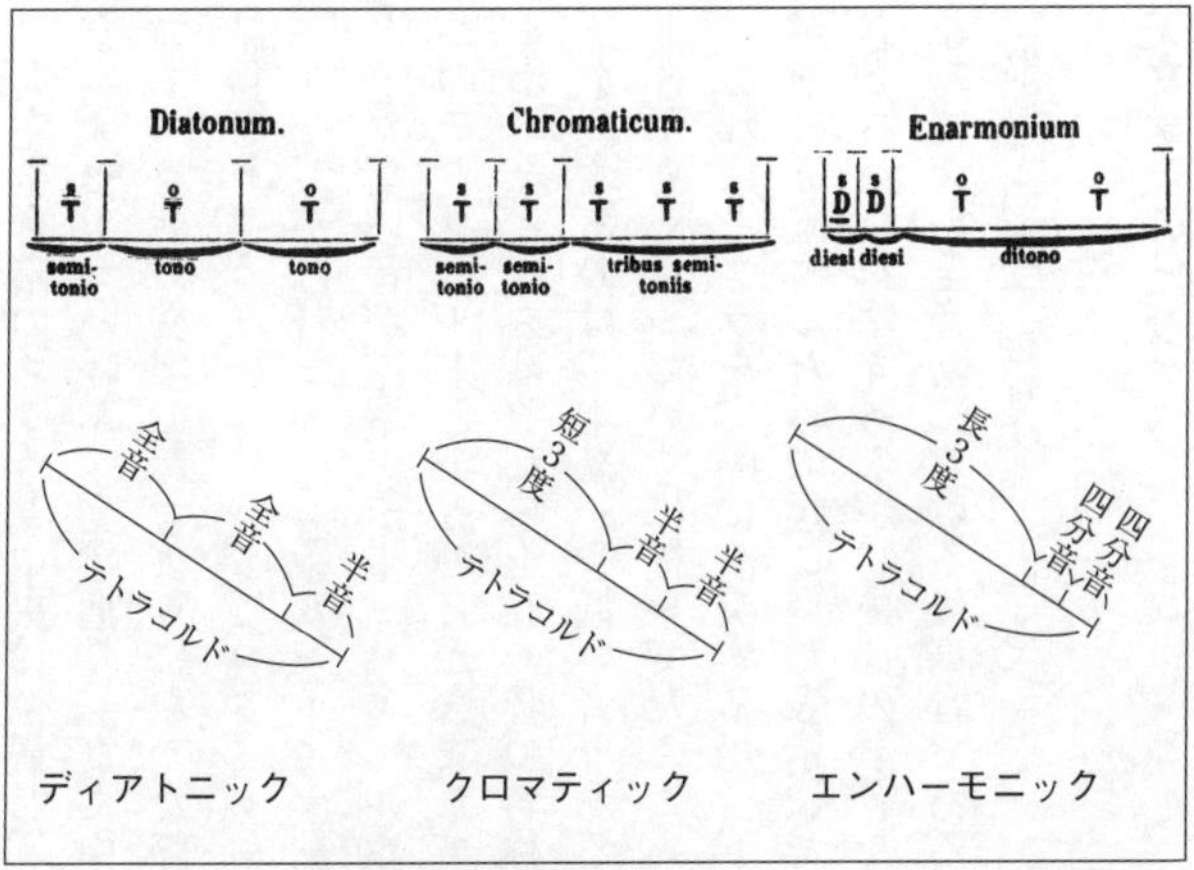

図1　テトラコルドの音の分割（最上段はボエティウスによる理論書のG. Friedlein 編版［1867年刊］p.213より）

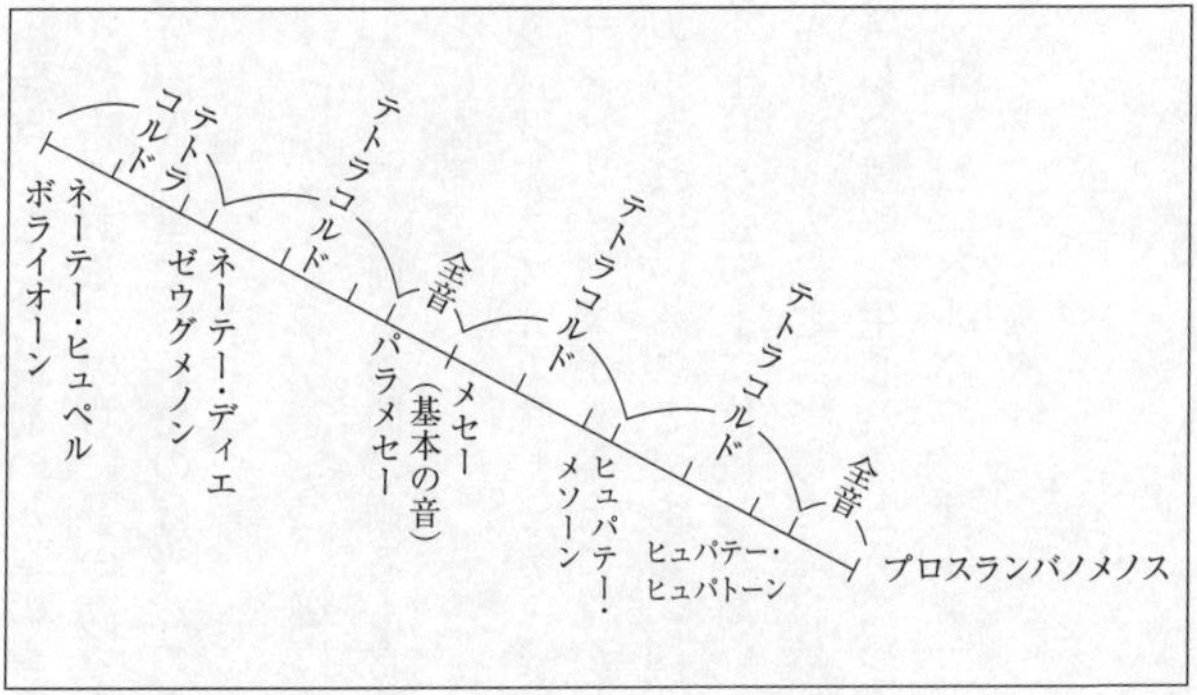

図2　大完全音階

大完全音階のちょうど中央に位置し、調弦の出発点となった最初の基準の音の高さを「メセー」と呼ぶ。文字通り「真ん中」という意味である。のちに音の高さをアルファベットの文字で示すようになった際、この音がAに当てられたのは当然のことと納得されよう。

メセーからちょうど一オクターヴ下の音が「プロスランバノメノス」、逆に一オクターヴ高い音が「ネーテー・ヒュペルボライオーン」で、両者の間に両者も含めて四つのテトラコルドと十五の音が含まれていることになる。

ボエティウスはそれら十五の音の名称をギリシャ式に表で示しているが、その際注意を要するのは、本来一番低い音であるプロスランバノメノスが一番上に置かれ、以下音が高くなっていくに従ってだんだんと下に表示されていることである(図3)。

これはキタラを実際に演奏する場合、低い音を生じる弦が上に位置し、高い音の弦が下に位置するために起こった表示法で、古代ギリシャ人にとってはごく自然なやり方であったわけであるが、後世の学者たちには思わぬ誤解を生じる源ともなった。ちなみに大完全音階における最高音である「ネーテー・ヒュペルボライオーン」とは、「最も下の弦」を意味している。

天文学との結びつき

ところで古代ギリシャの音階構造としては、大完全音階の他に、メセーの上に全音を置かず、直接テトラコルドを置く小完全音階があった（図4）。この場合、メセーから完全四度低いヒュパテー・メソーンから最高音のネーテー・シュネーメノーンま

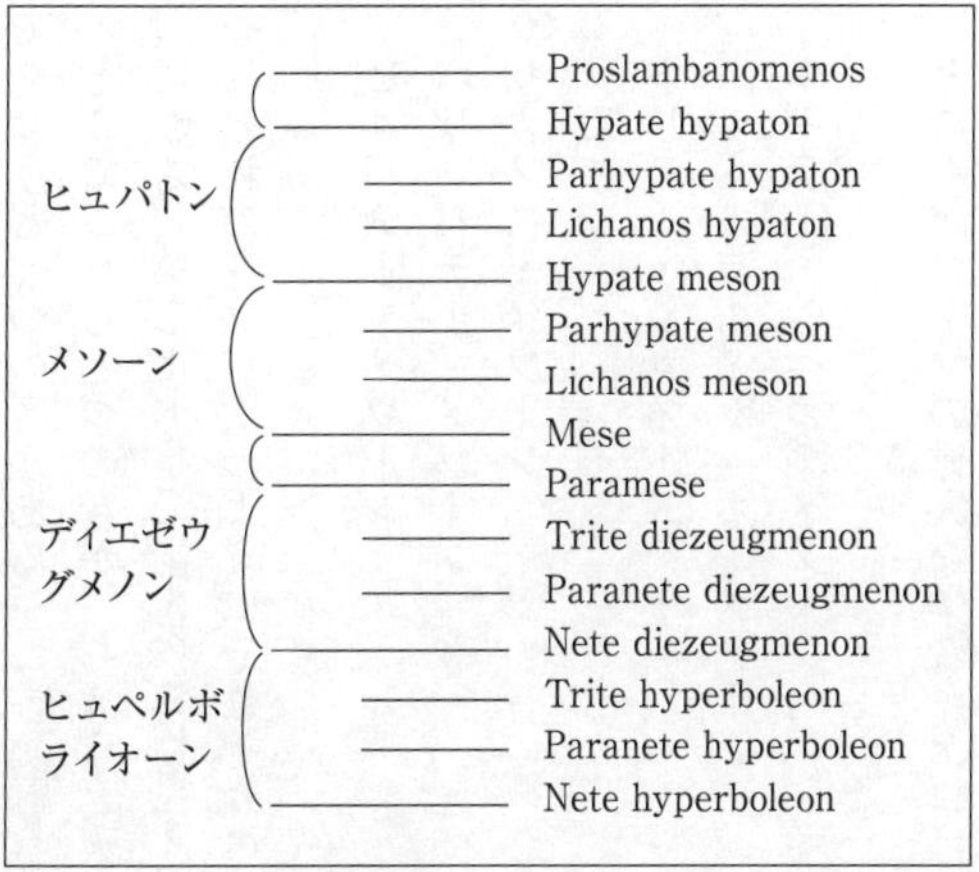

図3　ギリシャ式の音階表

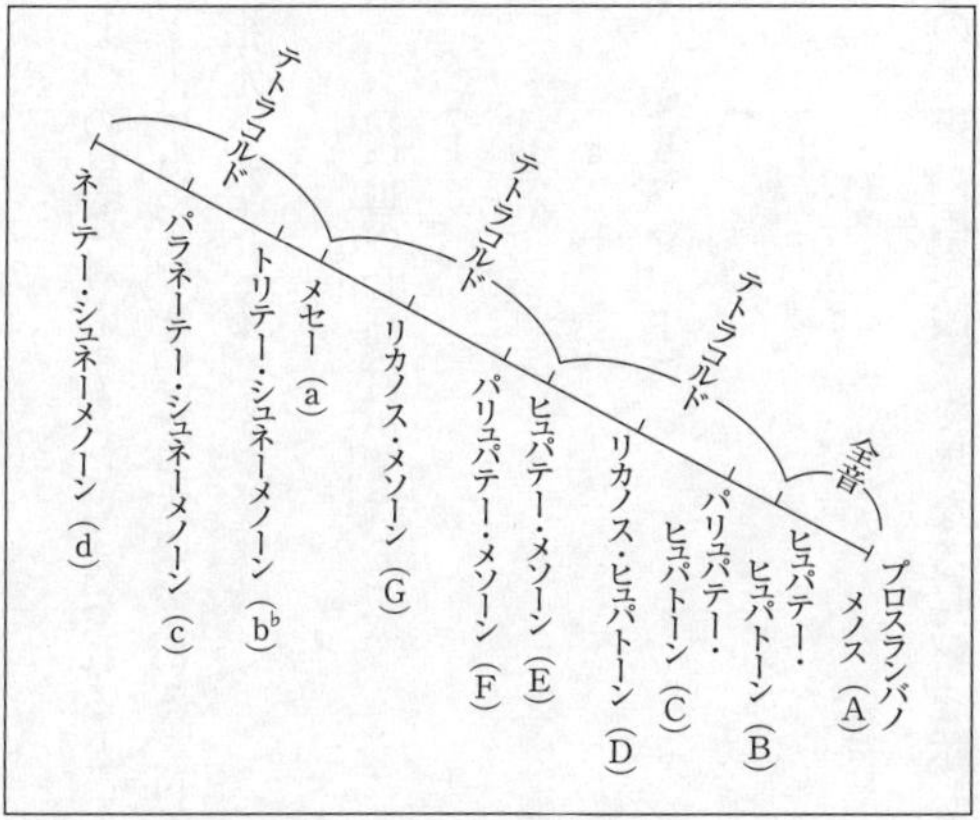

図4　小完全音階

でちょうど七つの音がある。
そこでこれら七つの音が、ちょうど天体の七つの星と対応すると考えられるという話になる(第二十七章)。中央に位置するメセーはもちろんのこと太陽である。以下それぞれの音は、次のようにそれぞれの星に指定されている。

ヒュパテー・メソーン　土星　(後世の音高表示ではE)
パリュパテー・メソーン　木星　(F)
リカノス・メソーン　火星　(G)
メセー　太陽　(a)
トリテー・シュネーメノーン　金星　(bフラット)
パラネーテー・シュネーメノーン　水星　(c)
ネーテー・シュネーメノーン　月　(d)

ところがローマの偉大な学者キケロは、その著書『国家論』で異なる見解を示している。すなわちかれによれば、天体の回転は高くて鋭い音を発して動き、月は弱く回転するため非常に低い音を発して動く。大地は不動であるので音を発しない。そこで大地から天空に至る星と音との関係は次の通りとなる。

プロスランバノメノス	大地	（A）
ヒュパテー・ヒュパトーン	月	（B）
パリュパテー・ヒュパトーン	水星	（C）
リカノス・ヒュパトーン	金星	（D）
ヒュパテー・メソーン	太陽	（E）
パリュパテー・メソーン	火星	（F）
リカノス・メソーン	木星	（G）
メセー	土星	（a）
	天空	

このような議論は、現代人にとってはまったく荒唐無稽のように思われるかもしれない。しかし、このように天文学と音楽を結びつける考え方はごく近世まで続けられてきただけに、まったく無意味と無視するわけにはいかない[8]。

『音楽教程』第一巻の最後の数章で著者は、協和音の定義の問題に立ち戻り、プラトンやニコマコスを引用しながら今までの議論を吟味してまとめた上で、「これこそがピュタゴラス派の考え方である」と結論づけている（第三十三章）。

極端なインテレクチュアリズムへ

そして最後に真の音楽家《ムジクス》とは誰か、という問題に到達する。ボエティウスによれば、音楽家とは音楽を理性的に理解している人でなければならない。音楽に携《たずさ》わる人たちには三種類あり、「その第一は楽器を演奏する者、第二は歌を作る者、第三は楽器の演奏や歌に関して判断を下す者」であるという（第三十四章）。

第一の演奏家は演奏の技術に頼って理性を用いないので音楽家とは言えない。第二の詩人も理性よりも自然的直感に頼っているので音楽家ではない。これに対して第三の人たちは「理性の力によって、リズムや旋律や作品全体に関して入念に判断することができる」ので、まさしく音楽家と呼ばれるにふさわしい、というのが結論である。[9]

このような考え方こそは、後年グイード・ダレッツォをはじめとする中世の理論家が主張した、「ムジクス（音楽家）」と「カントル（歌い手）」の違いの出発点に他ならない。そしてそれは中世の終わりに至るまで、知識人の基本的常識ともなり、中世末期の音楽に見られる極端なインテレクチュアリズムの基礎ともなったわけである。

『音楽教程』第二巻は三十一章から成るが、その内容は第一巻で概説された数率の理論を改めて細部にわたって検討し、解説したもので、時には執拗なまでの念の入った論述が展開される。

まず序説として、ピュタゴラスこそは哲学の元祖であるという記述（第二章）に始まり、そのピュタゴラスによれば物を測る時に大小を測る場合と、多少を測る場合がある、と説く。前者は量を、後者は数を測っていることになるが、幾何学は固定された量を測り、天文学は天体の軌道のように動的な量を測る。一方、算術は数そのものに関する学問であるのに対して、音楽は数と数の関係を学ぶ学問であるとして、クワドリヴィウムの四つの分野の違いを説明している（第三章）。

全音と半音の関係

続いて数章にわたって具体的に、ムルティプレクスやスーペルパルティクラーリスなどの比率を算出する方法が説明される。次に比率の二つの項の間に中間項を挿入して三つの項の関係を考察することとなる（第十二〜十七章）。

その関係には基本的に三種類あり、それぞれの具体的な例として次のような例が挙げられている。

算術《アリスメティクス》的関係　1：2：3
幾何学《ジオメトリクス》的関係　1：2：4
調和《ハルモニクス》的関係　3：4：6

すなわち、算術的関係においては、中間項と初項の差が、最終項と中間項の差に等しい。幾何学的関係では、中間項と初項の比率が、最終項と中間項の比率に等しい。これに対し調和的関係では、最終項と初項の比率が、最終項と中間項の差と、中間項と初項の差の比率に等しい。

実はこの第三の調和的関係においてこそ、ディアテッサロン（4：3）、ディアペンテ（6：4）、ディアパソン（6：3）という三つの主要協和音の比率が全部揃って見られるのである（第十六章）。

第二巻の後半ではさらに協和音に関する議論が続き、最後に協和音程、全音、半音の比率が互いにどのように関係づけられるかという問題の確認となる。ここでとくに注目されるのは半音に関しての議論で、「半音という名は、それが全音の半分であるという意味でつけられたのではなく、一人前の全音ではないところからそのように呼ばれるようになったものと思われる」（第二十八章）という[10]。

そこで半音にも幾通りかが存在する。中でも一番小さい半音は完全四度から全音二つ分を差し引いた残りで、その比率は256：243で、「リンマ limma」と名付けられるが、昔の人はこれを「ディエシス diesis」と呼んでいた、と説明する。

一方全音とリンマの差は「アポトメ apotome」と名付けられ、２１８７：２０４８

の比率で表示される（第三十章）。またディアパソン（完全八度）は、全音六つ分よりも小さいが、その差は531441：524288という微小値で、「コンマ」と名付けられる（第三十一章）。このコンマは、実は次の第三巻で説明されるように、アポトメとリンマの差とも等しい。

以上が中世の大学において必修とされていたボエティウスの最初の二巻のあらましである。これを読んで明らかとなるように、なぜ中世の教育において、音楽が数学の一分野であると考えられたかが納得されよう。

私がこの著作を大学院のゼミナールで読んだ時も、指導教官であったデイヴィッド・G・ヒューズ教授は、「ボエティウスはこの辺でよかろう。それでないと、先に進めないからね」と言って、次なる一連の旋法に関する理論書へと移っていった。

詳細な数値の計算が進む第三巻

とはいうものの、せっかくここまで来ておきながら、残る三巻をまったく見ないまま先に進むのも心残りである。そこでごく簡単にではあるが、それらの巻にもざっと目を通しておくこととしよう。

十六章から成る第三巻では、さらに詳細な数値の計算を進めながら、さまざまな音程の関係が確認されていく。まず半音を単純に全音の半分とみなして、一オクターヴは六つの全音と等しいと考えたアリストクセノスの説の誤りを実証した（第一～四章）上で、初期ピュタゴラス派のフィロラオスの説といわれるものを紹介している（第五～八章）。

それによれば、半音より小さい音程に関して、次のような説明がなされていることに、とくに注目が集まる。

ディエシスは、完全四度と全音二つ分との差。
コンマは、全音とディエシス二つ分との差。
スキスマ schisma は、コンマの半分。
ディアスキスマ diaschisma は、ディエシスの半分。

つまりこの場合のディエシスは、第二巻のリンマに他ならないが、それをこの部分の議論では一貫して「半音」と呼んでいる。そこで、「全音はまず半音とアポトメに分割される、したがってそれは半音二つとコンマ一つ、さらにはディアスキスマ四つとコンマ一つにも分割されることとなる」（第八章）という論述に発展する。[11]

このような議論の流れを追ってみる時、「半音」と呼ばれる音程が、全音を正確に二等分したものではない、と説明することが、ボエティウスにとってはとくに重要であったということがわかる。そして幾種類もある半音のうち、かれにとって最も代表的であるのが、全音を平等に二等分した音程よりも小さいリンマであった。

十八章から成る第四巻では、それに先立つ三巻の内容を踏まえた上で、具体的にモノコルドを用いながら弦を分割することによって、さまざまな音程をどのようにして規定していくかということが説明される。

まず基本的な例として、ディアトニック類の大完全音階を作り出すためにはモノコルドをどのように分割するかという方法を説明（第五章）した上で、クロマティック類とエンハーモニック類を含めて、三種類の大完全音階の各音の数値的関係を算出していく（第六～十一章）。

次にその大完全音階をそっくりそのまま全音、または半音の音程で上下することによって、ヒュポドリア、ヒュポフリギア、ヒュポリディア、ドリア、フリギア、リディア、ミクソリディアの七種類の古代ギリシャ旋法が得られると説明する。

さらに古代ギリシャの記譜法によれば、それぞれの旋法における大完全音階のそれぞれの音がどのような記号で示されるかを表によって説明することとなるが、その際にはミクソリディアの次にさらにヒュペルミクソリディアを加えている（図5）。つまり実際には八種類の旋法が示されることとなる（第十五～十六章）。

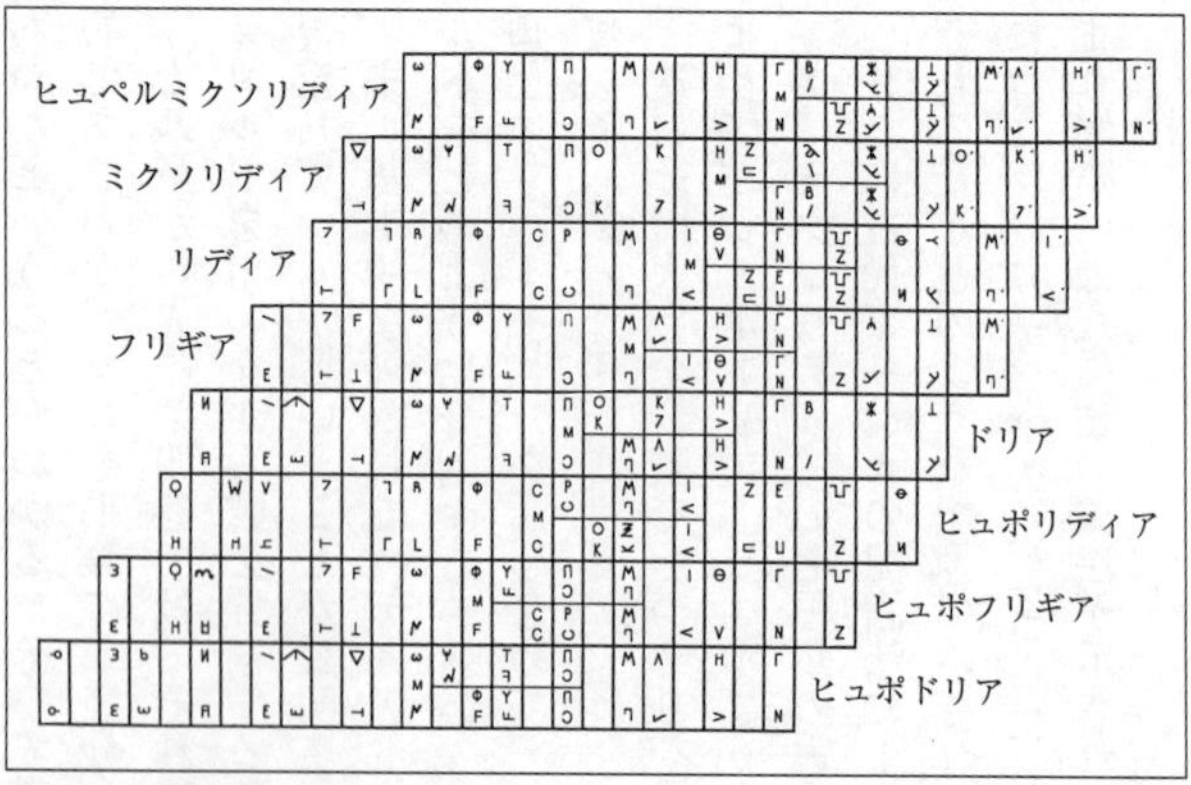

図5　8種類の旋法

調和の哲学的考察

ここでとくに重要なのはボエティウスのギリシャ旋法に関する記述が、大完全音階の移動による説明のみに限られていて、プトレマイオスのようにオクターヴ種、すなわち一オクターヴの中でそれぞれの音がどのように配置されているかということの説明までには至っていないということである。

この点に関してはきわめて興味深い関連問題も多く、一般に古代ギリシャ旋法として知られているオクターヴ種との関係や、さらには後年の教会旋法との関係など、説明を要することも少なくないが、詳しい説明は改めて別の機会にゆずることとしたい。

ただしボエティウスが示した記譜法が、古代ギリシャ音楽の記譜法に関する最も権威ある著作として有名なアリピオス

Alypios の『音楽入門』の内容と、完全にとは言えないまでも、大筋のところで一致していることだけは指摘しておこう。[12]『音楽教程』の第一～四巻が主としてニコマコスの理論書に基づいているものと考えられるのに対して、第五巻はプトレマイオスの『ハルモニア論』（『音組織論』とも訳されている）を意訳したものに他ならない。

ボエティウスにとっては、一貫してムジカ・インストゥルメンターリスを論じた最初の四巻は学問の基礎的段階であり、この第五巻において初めて本論である「ハルモニア」、すなわち「調和」の本質を哲学的に考察する段階に入ったことになる。つまりここでいよいよ「ハルモニア」の性質と機能を解明する時が来たわけである。

そこで改めて、「ハルモニア論とは聴覚と理性を用いて、高低さまざまな音の間の違いを考察する才能であり、感覚と理性はハルモニア論の才能を生かすための特殊な手段である」（第二章）と、プトレマイオスを引用しながら説明する。そしてピュタゴラスは理性至上論者であったのに対して、アリストクセノスは感覚を重んじて理性を二の次に考えた、と両者を比較する。

ところがプトレマイオスは、ハルモニアを学ぶ学者は「感覚で評価し、理性で考察」すべきであり、かれらの目標は「これら二つの能力を調和させることにある」（第三章）と説く。これは、これ以後の議論を、プトレマイオス中心に進めることの根拠ともなっている。[13]

すなわちアリストクセノス、ピュタゴラス、プトレマイオスの三者を、感覚派、理性派、その双方の調和派という関係にとらえて話を進めていくが、その際まずこれら三者の共通点を指摘した上で、相違点を比較していくこととなる。

話の主題は協和音の問題（第七～十二章）からテトラコルドの分割（第十五～十九章）へと移り、いよいよプトレマイオスがテトラコルドに関してどのように説明しているかという話になったところで、現存する『音楽教程』は突然中断している。ただし第二十～三十章の標題だけは残っていて、それを見る限りでは、プトレマイオスの『ハルモニア論』第一巻に従って、テトラコルドに関する諸問題を論じたものと思われる。そしてさらには、『ハルモニア論』の残る第二～三巻に従って大完全音階やオクターヴ種、そしてモノコルドに関しても論じた可能性もある。しかし残念ながらそれらは残されていない。

ところでこれらの章は、もし書かれていたとしても、かなり早い段階ですでに欠落していたというのが今日の通説である。またもし『ハルモニア論』を最後までとり上げて論じたとなると、そこには第三巻後半のムジカ・フマーナやムジカ・ムンダーナに関する議論も含まれていたことになる。果たしてプトレマイオスの説明をそのまま受け入れたのか、あるいはボエティウス自身の所見も含まれていたのか、きわめて興味深いところであるが、今となってはそれを知る術《すべ》もないのがいかにも残念である。

2　ボエティウス理論以後

調和こそが音楽そのもの

以上がボエティウスの『音楽教程』のあらましである。この著書が中世を通して教養人の座右の書となったことはすでに述べた通りである。それは当時の音楽理論書に、必ずといってよいほどこの著書からの引用が含まれていることからも証明される。

しかし実際には、この著書の全五巻を隅から隅まで万遍《まんべん》なく学んだ者は、ごく少数に限られていたものと思われる。実は中世教養人の思索の基礎となるような議論は、第一巻において一応出尽くしており、それ以後の巻はそれらの議論をさらに深く、詳細に検討し、実証したものとなっている。

当時の「音楽家」にとって重要であったのは、この宇宙全体が綿密な数比による「調和」の上に成り立っていて、その「調和」こそが「音楽」そのものであるという基本的な考え方であろう。したがって「音楽」は人間が創作するまでもなくすでに存在し、それを具体的に耳に聞こえる形にするためには衝撃を与える必要があった。その衝撃を与えるという行為自体が、実は演奏そのものであったわけである。また衝撃を与える際に、どのような「音楽」であれば耳に快く響くか、ということを考えることが音楽家の仕事でもあった。

ではどのようなものが「耳に快く響く」協和音であるのか。それはピュタゴラス派の説に従いムルティプレクスとスーペルパルティクラーリスのより基本的な数比によるものであり、具体的にはユニゾン、オクターヴ（ディアパソン）、二重オクターヴに加えて、完全五度《ディアペンテ》、完全四度《ディアテッサロン》および完全十二度（ディアパソン足すディアペンテ）に限られる。

この基本的な考え方は、二つ以上の旋律を重ね合わせるポリフォニーの場合、とくに重要視された。さらにこれら一連の考え方が、いわゆるピュタゴラス音律を前提としていたという事実を忘れるわけにはいかない。そしてそのように、ピュタゴラス音律を前提としていたからこそ、十五世紀以後協和音として認められるようになる三度や六度の音程が不協和音とみなされたのも当然なことなのである。

なぜならば、ピュタゴラス音律によれば、短三度は32：27、長三度は64：81と、いずれも協和音には程遠い数比関係にあるからである。そしてそのような基本的考え方が健在な限り、音楽史上の中世は続いていた、ということが言えるのではないだろうか。

声楽も「器具の音楽」に属す

ところでボエティウスが十分説明しないままに終わってしまったムジカ・ムンダーナや、ムジカ・フマーナに関して、その後の中世の人々がどのような考え方を持っていたかを、ここで確認しておく必要があるように思われる。

実はこの問題に関するボエティウスの議論は、もともとプラトンや、キケロや、プルータルコスの説、さらに直接的にはプトレマイオスの著作に基づいているものと思われる。したがって、その基本的考え方を推察することは難しいことではない。またほぼ同時代のカッシオドルスや、後年の理論家たちの著作などからも、これら三種類のムジカの概念をかなり明確に知ることができる。

もともと音楽の本質は調和《ハルモニア》にあり、その調和の秘密は数の関係に秘められている、というのが根本的な前提である。そのような調和が天空の諸物や、四大元素の関係や、四季の変化などの宇宙的現象に存在するという考え方は至極《しごく》一般的であった。それがムジカ・ムンダーナであり、日本においては「宇宙の音楽」、あるいは「天体の音楽」などと訳されているものである。

次に同じような調和は人間のからだの各部分や、気質や、肉体と魂の関係にも見られ、ムジカ・フマーナと呼ばれ、「人間の音楽」と訳される。以上二種類のムジカは、実はわれわれ人間の耳によって実際に聞くことはできない性質のものである。

したがって、われわれの身のまわりで現実に鳴り響く音楽はすべて第三のムジカ・インストゥルメンターリスに含まれることになる。ここで注意しなければならないのは、そのムジカ・インストゥルメンターリスの中には声楽も含まれるということである。

現代的な感覚からすれば声楽はむしろ「人間の音楽」に入りそうなものであるし、また事実そのように解釈した中世の学者がいなかったわけではない。しかしボエティウスの完全とは言えない説明を読んでみてもわかるように、ムジカ・フマーナにおける調和の概念は現実に響く声とは次元が違うし、一方ではかれのムジカ・インストゥルメンターリスの議論の中に声楽も登場する。ということは、声楽を生み出す人間の咽喉もまたインストゥルメントゥム、つまり器具ないしは道具の一種なのである。

自然の器具

そのようなムジカ・インストゥルメンターリスに関しては、「偽アリストテレス」の名でも知られるマギステル・ランベルトゥス Magister Lambertus の『音楽論 Tractatus de musica』（一二七〇年頃の作か?）に、きわめて明快な説明が述べられている。[14]

それによれば、音楽的な器具（インストゥルメントゥム）には二種類あって、そのひとつは「実用的な器具《インストウルメントウム・プラティケ》」であり、もうひとつは「理論的な器具《インストウルメントウム・テオリケ》」であるという。

「理論的な器具」とは、「数比や音響について調査し、実証するための器具」と説明されているので、おそらくはモノコルド（「一本の弦」の意）のような音に関する実験に用いる器具を指しているものと思われる。

「実用的な器具」は、さらに「自然の器具《インストウルメントウム・ナトウラーレ》」と、「人工の器具《インストウルメントウム・アルテイフイチアーレ》」の二種類に分類される。

「自然の器具」は具体的には「肺、咽喉、舌、歯、口蓋など、息に関する人体の部分を指すが、声を作る主要器官は喉頭蓋である」と説明している。これに対して「人工の器具」とは、「オルガン、ヴィエール、キタラ、シトール、などなどである」という。

すなわちこの場合「自然の器具」とは、自然界における、神によって創られた音を出す器具であり、実際には声を出すための人体の部分を指すことになる。そして現実の楽器にあたるのは「人工の器具」に他ならない。つまりこの考え方によれば、声楽も立派な「器具の音楽」に含まれることになる。

確かに音楽を生み出す「インストゥルメントゥム」は、日本語では「楽器」と訳されている。そこでこの場合、人間の咽喉もまた楽器であるとみなせば問題はない。ところが「楽器の音楽」と言えば、それはすなわち「器楽」であると誤解される危険が少なくない。今日一般に「ムジカ・インストゥルメンターリス」を「器具の音楽」、または「道具の音楽」と訳すことが多いのは、そのような背景によっている。

さらにひとことつけ加えるならば、この問題の「器具の音楽」もまた、はじめから歌われ、演奏されているわけではない。「ムジカ」に関して重要なことは、根本的に数の関係上に成り立った「調和」であるということに尽きる。そのような「調和」が存在するならば、それが未だ鳴り響く状態ではなくとも、すでにそれは「ムジカ」なのである。

見つけ出す人

では実際にその「ムジカ」を耳で聴くためにはどうしたらよいのであろうか。それには何らかの衝撃を与える必要がある。これは『音楽教程』第一巻の第三章で説明されている通りである。

すなわち弦楽器ははじくことによって、管楽器や、オルガンや、人間の喉は空気を吹き込むことによって、打楽器は打つことによって初めて具体的な音を生じて鳴り響く。それがより優れた「調和」に基づく音であればあるほど、実際に耳で聴くことのできる音楽もまた、より優れたものであるはずなのである。

このような考え方は、「芸術作品は作者によって無から創作される」とする現代的な考え方とは根本的に異なり、「すでに存在するものを何らかの手段によって具体化する」という考え方に基づいている。

十二〜十三世紀フランスの歌人たちが、「見つけ出す人」を意味する「トルバドゥール」あるいは「トルヴェール」の名で呼ばれているのも、これと同じ考え方であることが思い起こされる。つまりこの場合は、詩とそれにつける節とを「見つけ出す人」であって、「創り出す人」ではない。

このような考え方は、実は何もこの時代のヨーロッパだけに特有のものではない。その昔わが国においても、彫刻家が木から仏像を彫る際に、自分は何もないところから仏像を創り出しているのではない、仏像はすでに木の中に存在していて、自分はそれを彫り出しているだけだ、と述べたという話が伝えられている。そのような伝統を過去に持っている日本人にとっては、こうした考え方は案外とわかりやすい話なのではないだろうか。

影響力甚大

ところで中世の音楽教育において、主にボエティウスの『音楽教程』が教科書として用いられたからと言って、当時の知識人がボエティウスばかりを読んでいたわけではない。たとえばアウグスティヌスや、マルティアヌス・カペッラや、カッシオドルスや、セビリアのイジドルスらの著作も、ひろく読まれていたことが知られている。そして九世紀以後、音楽に関する研究や教育が次第に充実していった中で、思弁的音楽の伝統が確立される一方では、実践的音楽もまったく無視されるどころか、次々と新しい発展を示していったのである。それは音楽教育が修道院や教会など、実際に音楽の演奏と深い関わりをもっていた機関において行われていただけに、当然のことであった。

たとえば聖歌の歌唱を理論的に裏付けるために、ライヒェナウのベルノは聖歌を旋法別に分類した『トナリウム』を編集し、フクバルドゥスは教会旋法の概念を明確化した。しかしこの二人もまた、ボエティウスの思弁的音楽に精通していたことには間違いない。

中世を通じて、最も実用的な功績を残した理論家と言えばグイード・ダレッツォをおいて他にはいない。その功績として知られる主なものには三つある。まず第一に、楽譜に線を引くことによって音の高さを明確に示す方法を考案したこと。第二には、音高をシラブルで示すソルミゼーションを考え出したこと。

そして最後に、手の関節を使って音高を指示するいわゆる「グイードの手」を実用化したことであるといわれる。もっともこのうちグイードの手なるものは、知られるかぎりかれ自身の著作には出てこない。

グイードの主著『ミクロログス』は、その序文で述べられているように、聖歌隊員たちがなるべく容易に歌唱を学ぶことができるようにという目的のために書かれたものである。[15] したがってその記述も実に簡略で、無駄がなく、現実的であって、一見したところ思弁的音楽とはまったく無縁であるように思われる。

しかもモノコルドの説明で始まる冒頭や、ディアパソンやディアペンテなどの用語の用い方を見ているうちに、著者は実はボエティウスにも精通しているのだが、理論的な話は脇に置いて、実際に実用的で必要な話に限って説明しているのだということに気づく。

そしてその必要な話をすべて語り尽くした後の最後の章において、グイードは突如として、いかにして鍛冶屋の前を通ったピュタゴラスが、槌の音を聞いて音楽の性質に気づいたかという話を述べ始める。それはまさにボエティウスからの直接的な引用である。

槌に見られる比率は、モノコルドにおいて最も明快に例証される、ということでここで見事に冒頭のモノコルド論につながり、著書全体が巧妙にまとめ上げられているのを見ても、この著者の著述家としての並々ならぬ才能がうかがえると言えよう。

ただし最後のモノコルドの説明において、ディアパソンやディアペンテの数比関係に言及したあとで、グイードが次のような一節で、この議論を締めくくっているということにも、とくに注目しておきたい。

この［議論］に続いては、この［音楽という］学術の専門家であるボエティウスが、詳細で驚異的、かつきわめて難解な調和に関して、数の比率を用いて実証している。[16]

すなわち現実的な実践家であったグイードにとってさえ、ボエティウスの理論が音楽的常識の基礎となっていたことが、この記述によってうかがわれるのである。ところでボエティウスをはじめ、カッシオドルスやセビリアのイジドルスなど、中世の初期から中期にかけての音楽教育の基礎となった理論は、ほぼすべてがピュタゴラスやプラトンの流れを汲むものである。

アリストテレスの音楽論

もうひとつの重要な流れであるアリストテレスの音楽論は、なぜか直接にはヨーロッパに伝わらなかった。むしろアル・キンディー（七九〇頃〜八七四頃）や、アル・

ファーラービー（?〜九五〇）によって代表されるアラブの学者たちによって、イスラムの世界に広く紹介されていたのである。

やがて十字軍などの動きにも触発されて南北の交流が盛んになるにつれて、アラブの楽器や音楽と共に、アラブの音楽論を通してアリストテレスの存在も改めてヨーロッパの知識人に紹介されることとなる。

十三世紀に入ると、徐々にではあるが、アリストテレスの音楽論と称するものがラテン語によって紹介されるようになる。ある資料において、そのような音楽論に続いて、マギステル・ランベルトゥスの音楽論が発見されたため、ランベルトゥスに「偽アリストテレス」という偽名が与えられてしまったといういきさつもある。

アリストテレスの音楽論を正しい形で最初にヨーロッパに紹介したのはヨハネス・デ・グロケイオ（一三〇〇年頃活躍）である。その著書『音楽技芸論 Ars musicae』はまた当時の音楽事情を、きわめて現実的な視点から論じたということにおいても、画期的な金字塔と言える。[17]

デ・グロケイオの著書においては、従来の思弁的音楽の非現実的な部分はかなり大胆に割愛され、具体的に現実の世界において展開されている音楽そのものに焦点が当てられている。それはまた、音楽世界における新しい考え方の擡頭をも意味した。

しかしその新しい考え方が、当時の代表的な音楽家にすぐさま受け入れられるという状態にはならなかった。当時の代表的な音楽家たちばかりでなく、その次の世代に当たるフィリップ・ド・ヴィトリや、ギヨーム・ド・マショーでさえも、パリ大学の薫陶を受けた、筋金入りの伝統的な知識人であったのである。新しい音楽に対する考え方が一般に受け入れられるようになるまでには、さらに一世紀以上の歳月を要したのであった。

第三章　オルガヌムの歴史

1　グレゴリオ聖歌から中世ポリフォニーへ

ポリフォニーの基礎となったグレゴリオ聖歌

ポリフォニー音楽は、グレゴリオ聖歌に対旋律を付け加えて歌うという発想から生まれた。そしてその具体的な実例は「オルガヌム」という名のもとに、九世紀後半に記述されたと推察される『音楽提要 Musica enchiriadis』において初めて説明され、さらに『学問提要 Scholica enchiriadis』において具体的に、対話調で説明されている。[1]

実は既存のグレゴリオ聖歌に、何らかの新しい要素を付け加えて歌うという考え方は、他にも存在していた。その典型的な例は、キリエやアレルヤなどのメリスマ（本来は「歌」を意味するが、シラブルをのばしながら歌うことをさす）の部分に、新しい歌詞を補って歌うというものであった。たとえば長い旋律を引き伸ばしながら歌う「主よ、憐みたまえ Kyrie eleison」という呼びかけを、「全能なる父なる神よ、憐みたまえ Cunctipotens genitor Deus eleison」などと言い換えるわけである。[2]

そのうちに単に言葉を補うだけでは十分満足できなくなる。そこで旋律句の一部を繰り返したり、新しい旋律句を付け加えたりするようにもなった。アレルヤ唱から派生したといわれる続唱《セクエンツィア》と呼ばれる聖歌などはその良い例で、旋律の構造にａａｂｂｃｃ……というように繰り返しを含んでいるのをその特徴としている。

このように既成の聖歌に新たに言葉や旋律句を補って歌う手法はトロープスと呼ばれ、十世紀から十三世紀にかけて大いに流行した。中には対話形式をとるものも現れて、一部には劇的な性格を持つ例も見られるようになった。それがさらに進んで劇的な部分が独立すると、典礼劇などという劇音楽にまで発達することとなる。

言うならばオルガヌムは、トロープスを立体的に構想したものである。既成の聖歌に何らかの新しい要素を付け加えて、より内容の濃いものにしようという発想そのものにおいては共通している。そのような考え方が、この時代の教会や修道院に普及していたということも、歴史的に重要な傾向と考えられる。そしていずれの場合においても、その出発点はグレゴリオ聖歌であったということもまた、忘れてはならない重要な事実である。

正しくは「ローマ聖歌」

グレゴリオ聖歌という名称は、実はニックネームである。本来はカントゥス・ロマヌス、すなわちローマ聖歌と呼ぶのが正しい。キリスト教の伝統を二千年の永きにわたって守ってきたカトリックの最高指導者であるローマ教皇が正式に認めた聖歌ということで、そのように呼ばれている。

初期キリスト教においては、ローマばかりでなく、各地域でそれぞれ別の聖歌が歌われていた。アンブロジオ聖歌、ガリア聖歌、モザラベ聖歌などという古い典礼歌が、その名残である。もちろん聖歌ばかりでなく、礼拝の形式である典礼にも、最初はさまざまな形態のものがあった。それでは都合が悪いと考えて、統一運動の号令をかけたのがグレゴリウス一世（在位五九〇～六〇四）であったといわれている。

当然その改革の中には、典礼において歌われる聖歌も含まれていたものと考えられる。そこでそのような新しいローマ聖歌を、統一運動を始めた教皇の名にちなんで、グレゴリオ聖歌と呼ぶようになった。

ただしグレゴリウス一世が聖歌の歴史に果たした役割は、いまひとつ明らかではない。かれが残した書簡などから、ビザンツ典礼を参考としてローマ典礼を改革し、ミサでキリエを歌うことを決めたり、それまで復活節でのみ歌われていたアレルヤ唱を一年を通じて歌うようにしたのがかれであったことはわかっている。またのちにスコラ・カントルムの名で知られるようになった聖歌隊員の教育機関を創設したか、あるいはその道を開いたのが、おそらくかれであったろうということも推察されている。[3]八世紀になって初めて、ミサや聖務日課で用いられる典礼書がグレゴリウス一世によって編集されたという証言が現れるようになる。ただしその中に含まれる典礼歌も、最初のうちは言葉だけが記されていて、それに不完全ながらも楽譜が付くようになるのは九世紀も終わりに近づいてからのことである。

おおよその輪郭だけを示す楽譜

楽譜が付くようになったといっても、はじめのうちはせいぜい覚え書き程度の代物で、まったく知らない歌をその楽譜から読み取って歌うことができるというようなものではなかった。地域や時代によって種々さまざまな記譜法が工夫されたものの、いずれも単に旋律の高低の動きをどのように記録するかという問題に専念していて、歌う際のリズムがどのようなものであったかは完全に無視された。

基本的にはすべての音符を同じ長さで歌うという、今日なお続けられているグレゴリオ聖歌の歌い方が、果たして歴史的に常にそうであったかどうかについては、過去において幾度となく議論されてきた。

楽譜には明記されてはいないが、言葉に合うようなリズムを付けて歌うようなこともあったのではあるまいか。そう考えて実際にそれを試みる演奏も現れ、計量リズムによるグレゴリオ聖歌なるものをCDなどで聴くこともできる今日この頃である。しかしそれが実際にそのように歌われていたという決め手もない。[4]

実は旋律の流れを楽譜に記す際の音の高さの表示も、最初のうちはかなりいい加減なもので、おおよその旋律の輪郭を大まかに示すというようなものが大半であった。それが数世紀にわたっていろいろと工夫された結果、次第に正確に表示されるようになった。十一世紀前半には線を引くことによって、音の高さをより正確に示すという工夫を思いつき、二本、三本と線を増やしていったが、最終的に四線（グレゴリオ聖歌の場合）または五線に落ち着いたのは、まだまだのちの時代の話である。

このように九世紀の後半から十二世紀の初頭にかけて、音楽家たちはいろいろと工夫をこらして聖歌の旋律をより正確に記録しようと努力を重ねた。したがってこの時代の楽譜には、地域によって、年代によって、時には個々の楽譜によって、多種多様なものが見受けられる。その中にはたとえば有名な『ウィンチェスターのトロープス集』のように、音楽的に高度な内容を推察されながらも、残念ながら解読は不可能に近いといった例もある。

ちょうどこれと同じ時代、オルガヌムは楽譜に書き記すこともなく、即興で歌われていたということが、いろいろな資料から推察されている。現代人にとっては、きわめてむずかしいことのように思われるかもしれないが、やってみれば案外簡単に歌えることに気づくであろう。

2　理論書の中のオルガヌム

古代ギリシャのテトラコルド論を現実の音楽へ応用するための書

オルガヌムの歌い方を具体的に説明した最古の資料である『音楽提要』や『学問提要』においては、音楽の実例は歌詞の各シラブルを、いわゆるダジア記号によって記された音高に従って上下に動かして書き込むという、特殊な記譜法によって示されている（譜例1）。それによれば、正確に音の高さを示すことはできるが、実用的な楽譜としては限界がある。理論書の中の譜例としてのみ用いることのできた表記法と言えよう。

ところでこれら二つの資料に関しては、いまだに十分には研究しつくされてはいないというのが、今日の現状である。いずれもさほど長くはない理論書でありながら、決定的な校訂版さえ完成されていないのは、考えてみれば不思議な話である。ひとつにはとくに『音楽提要』の場合、約四十通りもの手稿資料として残っているという事情にもよる[5]。

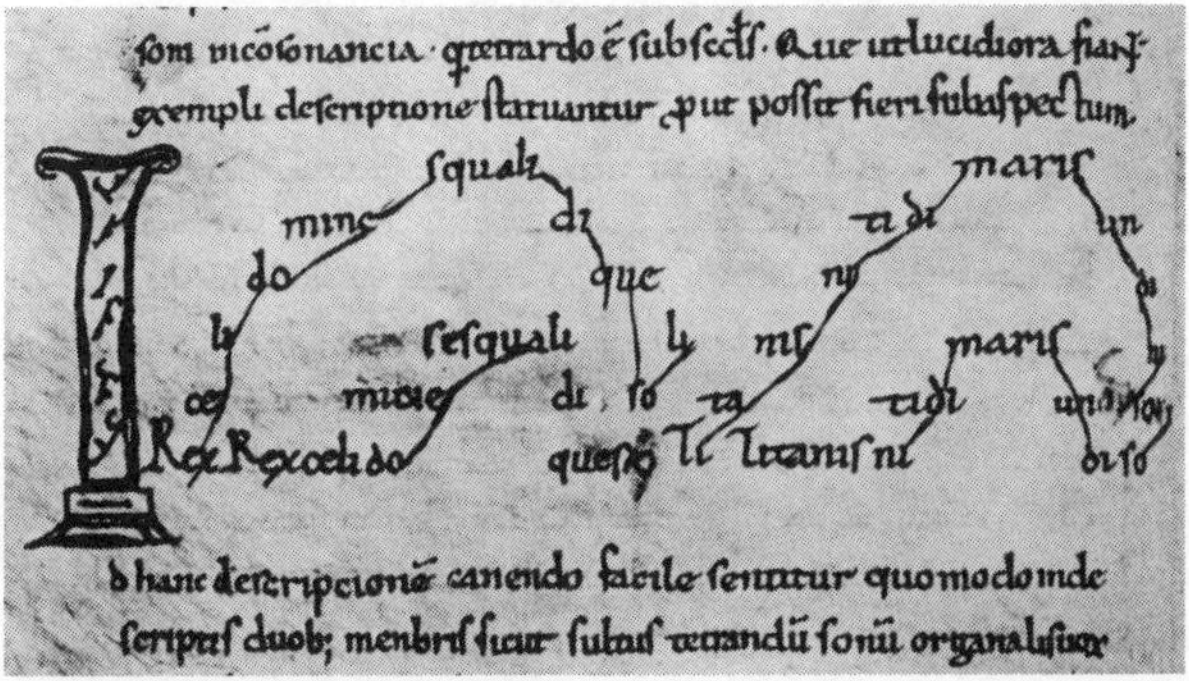

譜例1　『音楽提要』のダジア譜

それほど数多くの原典が存在するというのは、中世の理論書においてはきわめて珍しい。それはそれほどまでにこの著作が重要視されていたという証拠でもある。多くの原典において、『音楽提要』に『学問提要』が続くのが常であるが、一方『音楽提要』自体はしばしばボエティウスの『音楽教程』に続いて手写されているということも注目に値する。

実は『音楽提要』の主題はオルガヌムでも、記譜法でもない。古代ギリシャのテトラコルド論を、いかに現実の音楽に応用するかというのがこの著作の主な目的である。それを実証するために、ダジア記号による記譜法によって譜例を挙げ、聖歌の実例ばかりでなく、「ディアフォニア」、または「オルガヌム」と呼ばれる多声楽曲に言及しているに過ぎない。

この書の著者が誰であるかに関しては、過去一世紀にわたって議論が続いているものの、いまだに結論には至っていない。一部の原典には著者としてサンタマンの修道士フクバルドゥス、あるいはクリュニー大修道院長オドの名を記したものもあるが、今日では疑問視されている。その他、いくつかの説が提案されてはいるものの、決め手に欠ける。

果たして著者が誰であるかを特定するわけにはいかないが、どのような人物であったかに関しては、かなり明確にその人物像を推察することができる。すなわち自由七科に通じ、ボエティウスの理論に精通してはいるものの、一方では現実の音楽事情にも詳しく、両者の微妙《びみょう》な食い違いを解決しようと試みたのがこの著作となったのではなかろうか。

平行オルガヌムはポリフォニーだろうか

カール大帝の保護のもと、修道院や教会における「音楽」を含む教育が定着したのは九世紀のことであった。自由七科にもとづく音楽観と、実際に演奏されている音楽との間に、微妙なずれが感じ始められたのも、おそらくこの時代であるように推察される。

しかし初めのうちはあくまでも、ボエティウスによって代表される従来の音楽観を重視し、それを現実といかに関連づけるかということに努力が払われた。『音楽提要』

はその最初の代表的な例と言って良いのかもしれない。

一方『学問提要』の方は、同じ問題を対話の形でわかりやすく論じた教科書といった性格のものである。全体は三部から成り、「シンフォニアについてDe Symphonia」と題された第二部において、オルガヌムが論じられている。ちなみに第一部はテトラコルドを中心とした説明、第三部は数比論と音程に関する説明が中心となっている。

二つの理論書における説明を要約すると、標準的なオルガヌムは次のような手順で歌われる。

まず素材である聖歌の旋律を歌う声部（すなわち後年の定旋律にあたる）は、ヴォクス・プリンチパリス vox principalis（ヴォクスは「声」、プリンチパリスは「主要な」を意味する）と呼ばれる。それに付加される対旋律はヴォクス・オルガナリス vox organalis と呼ばれ、主旋律であるヴォクス・プリンチパリスの下に完全五度の平行を保ちながら歌われる。その結果、主旋律を上声部に置いて、全体が完全五度の平行で動くという典型的な二声のオルガヌムが成立する。

さらにこの二声部に、第三、第四の声部を付け加えることも可能である。すなわちすでに成立している二声部のうちのヴォクス・プリンチパリスを一オクターヴ上で歌う。また同時にヴォクス・オルガナリスを一オクターヴ下で歌う。その結果、主旋律に対して完全四度上、および完全五度とオクターヴ下に平行の動きを保つ三つの対旋律が付加されるという四声のオルガヌムが成立することとなる。

また別なやり方によれば、ヴォクス・プリンチパリスに対して、完全四度下にヴォクス・オルガナリスを付け加えることもできる。すなわちいずれのやり方においても、声部間の音程はオクターヴ、完全五度、完全四度の三種類に限られているという点においては、終始一貫している。

そしてそれらの音程はすなわちピュタゴラス派が主張するところの協和音と一致している。そしてそのような完全協和音程を保ちながら平行で動くオルガヌムのことを、今日では平行オルガヌムと呼んでいる。

しかしこのような平行オルガヌムを、独立した旋律を重ねることによって創作するという意味でのポリフォニーと呼ぶことには無理があるのではなかろうか。それはむしろ、異なる高さの音における同じ旋律の重複に過ぎないのではあるまいか。

同じ旋律をオクターヴや完全五度で重複して演奏するという発想は、実はオルガンという楽器において、ストップを操作することによって倍音列を強化し、音色に変化を与えるという発想に完全に一致する。

しかもオルガンのラテン語名は、「オルガヌム」に他ならない。そこでオルガヌムと呼ばれる楽曲と、オルガンという楽器の間には特別な関係があるのではないかと考える学者たちが過去に多く現れた。考えてみればそれも無理のないことなのかもしれない。[6]

「オルガヌム」という用語は、ギリシャ語の「オルガノン」に由来し、それはもともと「器具」または「道具」を意味する。それを音楽的に用いた場合、人工的に製作された「楽器」と考えてしまうのは現代人の感覚である。

中世においては、ムジカ・インストゥルメンターリス、すなわち「器具の音楽」が声楽をも含めていたということはすでに述べたところである。となると音楽を奏する「オルガヌム」も、神によって創られた音楽的器具としての咽喉を指すことも十分考えられる。

したがって「ヴォクス・オルガナリス」の場合も、音楽的な器具としての咽喉によって歌われる声部を指すと考えるのもごく自然なことのように思われる。ただし現在のところ、この論争に決定的な決着をつける決め手はまだ見つかってはいない。

「悪魔の音程」の回避

『音楽提要』には、完全な意味での平行オルガヌムとは呼べない譜例も含まれている。それは続唱《天の王、波騒ぐ海の主 Rex celi, Domine maris undisoni》の冒頭の二つの楽句にもとづく例（譜例2）である。実はこの二つの楽句は、原典ではそれぞれ別の例として、別の章で論じられているのであるが、今日では両者を結合して、現代譜に印刷したり、演奏したりするのが常となっている。[7]

この譜例の場合、基本的には聖歌の完全四度下にヴォクス・オルガナリスを置く形を取るが、楽句の冒頭と最後は二つの声部がユニゾンで歌われ、聖歌の旋律が音階的に上行して完全四度に達するまで、下の声部は同じ音にとどまって実際上持続音を歌い続けることとなる。その結果、ユニゾンと完全四度の間に、本来は不協和音である二度と三度の音程が歌われることとなる。

続唱の二番目の楽句にもとづく例はとくに興味深い。この部分の聖歌には三度にわたってb音（ドイツ式表示ではh音）が現れる。下の声部が四度下で動くとなると、そのb音に対してf音が歌われることになり、その結果トリトヌス（三全音）と呼ばれる音程を生じることになる。この音程が「悪魔の音程」として忌み嫌われていたことは周知のところである。

『音楽提要』の著者は、二通りの方法でこの「悪魔の音程」を避けている。まず楽句の前半では、下の声部がg音上で持続音を歌い続けることで「悪魔の音程」を回避している。そして楽句の後半ではb音に対して完全五度下のe音を歌うことによって、問題を解決している（譜例2で*印によって示した）。

このような例は、平行オルガヌムから、対旋律がより自由に動く自由オルガヌムに移行していったひとつの動機が、「悪魔の音程」を避けることにあったことが暗示さ

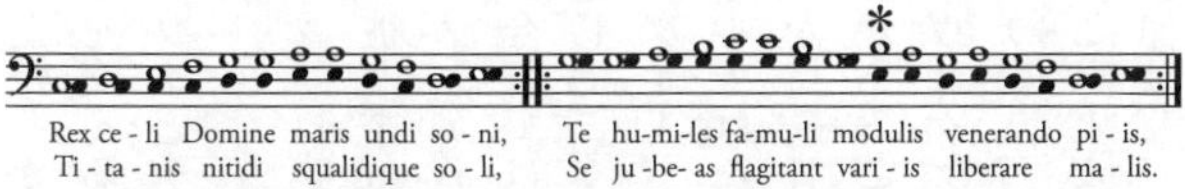
*
Rex ce - li Domine maris undi so - ni,
Ti - ta - nis nitidi squalidique so - li,
Te hu-mi-les fa-mu-li modulis venerando pi - is,
Se ju -be- as flagitant vari - is liberare ma - lis.

譜例2　『音楽提要』から2声のオルガヌム《天の王、波騒ぐ海の主》の現代譜（白色音符はヴォクス・プリンチパリス、黒色音符はヴォクス・オルガナリス）

れていて、きわめて興味深い。しかし同時に、本来は不協和音とされていた二度や三度の音程を使うことにはあまり抵抗感がなかったことも注目される。

ごく一般的な終止形

『音楽提要』から一一〇〇年にかけての約二百年の間に、オルガヌムは即興演奏を通して次第に新しい形に発達していったものと推察される。その間、オルガヌムに関する記述を含んだ資料の数は決して多くはないが、出発点の平行オルガヌムから、次第に二つの声部が自由な動きを持つ自由オルガヌムに移行していった過程は、おぼろげながら推察することができる。

十一世紀前半に活躍したグイード・ダレッツォもまた、『ミクロログス』の最終章に先立つ二つの章（第十八、十九章）においてディアフォニア、すなわちオルガヌムに関して実例付きで説明している。[8] かれの場合においても定旋律、すなわちもととなる聖歌の四度下に対旋律を付け加えるという基本方針は変わっていない。

ただしかれの説明によれば、徹頭徹尾二つの旋律が完全四度で動くよりも、他の音程を交える方が好ましい、とされている。その際二声部間の音程として可能なのはユニゾンとディアテッサロン（完全四度）の他、トヌス（全音）、セミディトヌス（短三度）、ディトヌス（長三度）であるという。しかしそのうち最も好ましいのはディアテッサロンで、最も好ましくないのはトヌスである、とも言っている。

彼が挙げた一連の譜例において、とくに注目されるのは楽句の終わりにしばしばトヌス（全音）がユニゾンに解決するという終止形が見られることである（譜例3）。この今日では一見きわめて大胆に思われる終わり方は、しかし十二〜十三世紀の音楽を通じてごく一般的な終止形となることも、心に留めておく必要があろう。

グイードの例においてはまた、ヴォクス・オルガナリスは定旋律よりも下に置かれなくてはならないという原則も破られることとなる。すなわちヴォクス・オルガナリスが持続音を歌い続けている間に、定旋律がそれよりも低い音域に下がっていく可能性があることを示すような例（譜例4）が挙げられている。

ヴォクス・オルガナリスが持続音を歌い続けた場合、それは実質的にはドローン（「うなり」が語源。低音を固定して持続させ、旋律などを支える技法）の効果を生み出すこととなる。十二世紀以後のオルガヌムにおいてはしばしば定旋律の各音を長く引き伸ばして歌い、ドローン効果をその特徴とすることが多くなるが、そのルーツはあ

～ su - per pu - te - um.

譜例3　グイード・ダレッツォ『ミクロログス』より。全音を用いた終止形

～ su - per pu - te - um.

譜例4　グイード・ダレッツォ『ミクロログス』より。2つの声部が交差する例

るいはこのような持続音の歌唱に端を発していたのかもしれない。

十一世紀を通じて定旋律とヴォクス・オルガナリスの関係は、即興演奏を続けるうちに次第に多様化していったことが推測される。定旋律の下にヴォクス・オルガナリスを置くという原則も次第に緩和されて、二つの声部が自由に交差したりするようにもなる。

『オルガヌム創作法』とその譜例

ところでグイードの『ミクロログス』は、少なくとも九十五の手稿によって現代に伝えられている。その数からしてもいかに後世に影響力を残したかということが察せられるが、多くの場合は、他のさまざまな音楽理論書などと一緒に手写されている。[9]

そうした手稿のひとつに、ミラノの聖アンブロジウス大聖堂付属図書館にM 17 supという番号で保存されている手写本がある。羊皮紙六十三枚から成る手稿

で、十二世紀に成立したものと推定されている。『ミクロログス』はこの手稿の冒頭二十七ページを費《つい》やして記述されている。続いてグイードの他の理論書や、モノコルドの分割法など、さまざまな音楽論が書き写された後、最後に十一ページにわたるオルガヌムに関する理論書が譜例付きで現れる。『オルガヌム創作法 Ad organum faciendum』と題されたこの著作は、作者不詳ではあるが、一一〇〇年頃に書かれたものと推察され、当時のオルガヌムの基本を説明したものとして、最近ではかなり重要視されるようになってきた。[10]

この著作の記述にはかなり不完全な部分があり、また意味が正確には理解しがたいところもあるが、実例としていくつかの短い譜例の他、アレルヤ唱《正義は棕櫚のごとくJustus ut palma》（譜例5）と、キリエのトロープス《全能なる父なる神よCunctipotens genitor Deus》という具体的な作品が示されているところから、かなり明快に当時のオルガヌムの基本を知ることができる。[11]

それによれば、今やヴォクス・オルガナリスは原則として定旋律の上に付加される。ただし両声部は交差しても構わない。定旋律の各音と、付加される声部の音との関係は、一対一に保たれている。両声部の間の音程はユニゾン、完全四度、完全五度、オクターヴが主で、時たま三度、それも短三度が許される。

完全四度、または五度による平行進行は見かけられはするものの、長くは続かない。

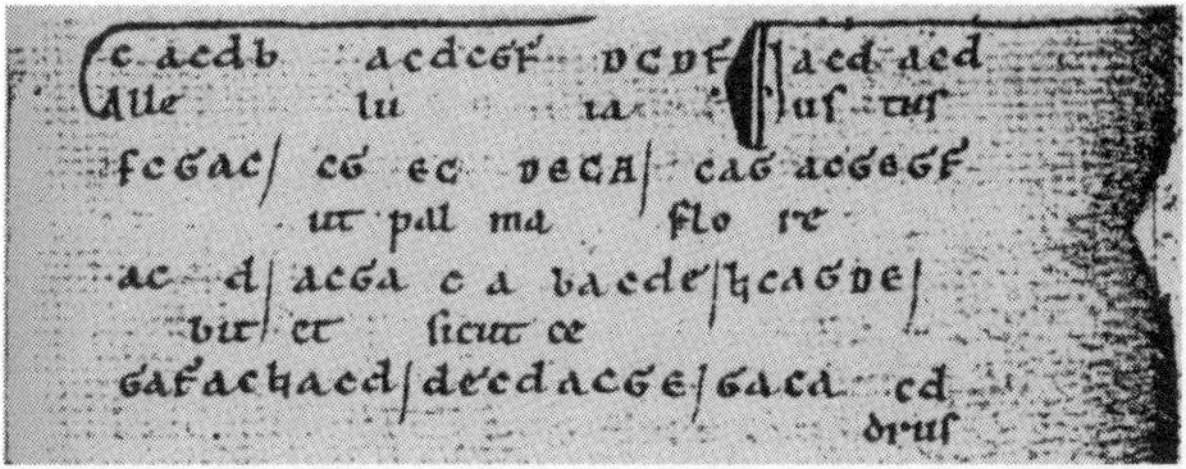

①

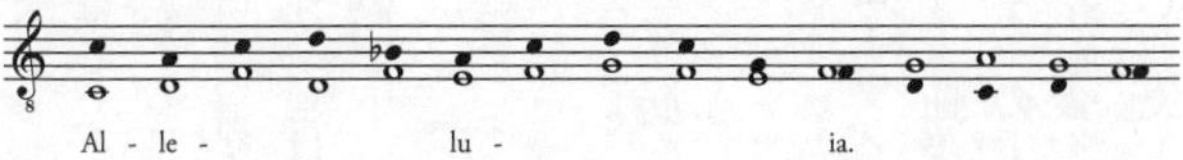

②

譜例5　『オルガヌム創作法』からの実例
アレルヤ唱用のヴォクス・オルガナリス声部①
その声部にもとづいて復元した2声のオルガヌム②

むしろ異なる音程を組み合わせることによる、両声部間の反進行がより好ましいとみなされている。

ただしそのような記述が、当時の傾向を反映していたかというと、それには疑問が残る。そこに示された諸条件はあくまでもオルガヌムを創作する際の基本的条件であり、実際の習慣はそれよりもさらに発達していたことが推測される。

十一世紀の終わり頃から、突如として数多くのオルガヌムの手写譜が現れるようになる。なぜそうなったのかは明らかではない。ひとつには、二つの声部間のやり取りがより複雑となった結果、記録に残そうという気になったのかもしれない。

しかしそれだけが理由ではないようにも思われる。それというのも、ほぼ時を同じくしてトルバドゥールをはじめとする単旋律による中世歌曲の楽譜も現れ始めるし、グレゴリオ聖歌の楽譜も数多く見られるようになるからである。

すなわち一一〇〇年を境に、楽譜によって記録するという意識がはっきりと現れるようになったことには疑う余地はない。その理由が何であるかに関しては、未だに決定的な鍵は見つかってはいない。ここでもそれは一応今後の研究課題として残すこととしよう。

3　自由オルガヌムの発展

『ウィンチェスターのトロープス集』

現存する最古のオルガヌム曲集は、実は十一世紀の半ば頃に成立している。すなわちそれは『ウィンチェスターのトロープス集』として知られる手稿本の一部で、ロンドンの西南部に位置する古都ウィンチェスターにかつて存在したベネディクト会の修道院で写されたものらしい。ただし現在はケンブリッジ大学コルプス・クリスティ校の書庫に保管されている。[12]

この手稿本はその名からも察せられる通り、主としてミサのためのトロープスを集めたものであるが、最後の四分の一にあたる部分にオルガヌムの実例が収録されている。しかも百七十四曲という少なからぬ数である。

とくに多いのはアレルヤ唱にもとづく例であるが、そのトロープスとして生じた続唱をさらにオルガヌムとした例もある。またキリエやグローリアなどのミサ通常文にもとづくものもあるが、その大部分はトロープス付きとなっている。このようなところからも、そもそものオルガヌムの発想が、トロープスときわめて近い関係にあったことが察せられる。

ところでこの手稿本の楽譜は、イングランド独特のネウマ符で記されていて、旋律の上下は示されているものの、実際の音の高さを判読するのはほとんど不可能な状態である（譜例6）。わずかに後期の例に、ところどころ音の高さをアルファベットで示したものもあるが、全体を正確に読み取ることができるところまではいっていない。

ただひとつ有力な手がかりとしては、ヴォクス・プリンチパリス、すなわち定旋律に一般によく知られている聖歌の旋律が見受けられることがある。その定旋律に対してどのようなヴォクス・オルガナリスが付けられたのかを、ネウマを頼りに推察することは不可能ではない。だがウィンチェスターのオルガヌムに関して全貌を知るまで

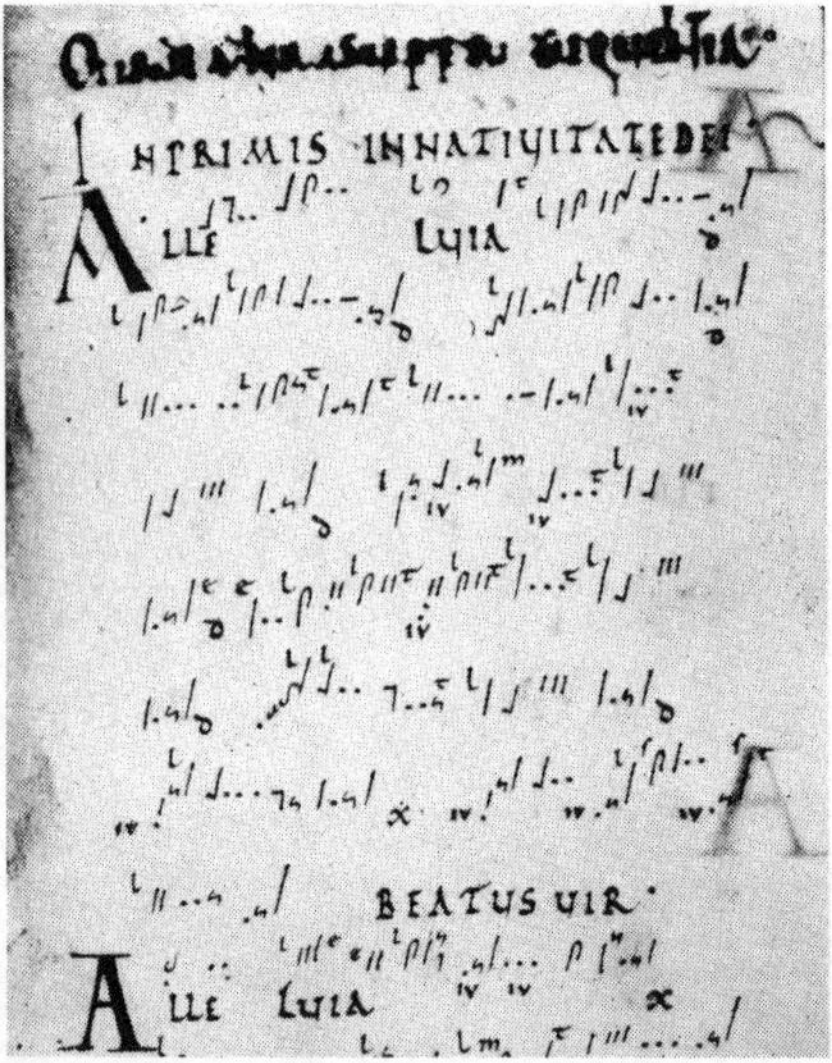

譜例６　『ウィンチェスターのトロープス集』の例

には、まだまだ幾段階もの研究を重ねていかなくてはならないであろう。

しかし現段階でもはっきりしていることがひとつある。すなわち十一世紀前半の時点ですでに南イングランドにおいて、かなり進んだ形の自由オルガヌムが、ミサなどの典礼において歌われていたという事実である。

アキテーヌ方式のネウマ符

次に現れるオルガヌムの重要な資料は、フランスの中心部、アキテーヌ地方の古都リモージュにかつて存在したサン・マルシャル修道院に、数世紀にわたって保管されていた四冊の手写譜である。それらのうち最も初期のものは一一〇〇年頃に筆写され、後期のものでも十三世紀初頭までには編集されたものと考えられている。

サン・マルシャル修道院は、三世紀に最初のリモージュ司教となった聖マルシャルの墓の跡に、九世紀中頃になって設立された。十三世紀にかけて学問の中心地のひとつとして知られ、文学や音楽の創作活動も盛んであったらしいが、十六世紀以後衰退の道をたどり、一七九一年には廃絶され、建物も壊されてさら地にされてしまった。しかし幸いなことにこの修道院の蔵書は楽譜も含めて、廃絶に先立つ一七三〇年に王立図書館に売却され、パリに移された結果、そのうち三冊はパリ国立図書館に、残る一冊はロンドンの大英図書館に保管されて、今日に至っている。[13]

ただし従来信じられてきたようにこの修道院を根拠地として、サン・マルシャル楽派なる音楽家の集団が活躍していたという考え方は、最近の研究において異論が出されている。これらの資料に含まれるポリフォニー曲の数々は、むしろリモージュを含むアキテーヌ地方一帯で歌われていたレパトリーを代表しているのではないだろうか、というわけである。

これらの作品がこの修道院で書かれたという確実な証拠はない。ではなぜこの修道院に限ってこのような資料が残ったかというと、それは修道院付属の図書室の管理が優れていたからであるという。それは確かな話であるらしい。いずれにせよ最近ではサン・マルシャル楽派という表現を避けて、アキテーヌのポリフォニーという呼び方を選ぶ研究家が次第に増えつつある。[14]

サン・マルシャル修道院起源の資料と並んで有名なものに、『カリクスティヌス手写本』という名で知られる手稿本がある。スペイン最西端に位置し、現在なおヨーロッパ最大の巡礼地として知られるサンチャゴ・デ・コンポステラ大聖堂に保管されている。

この手写本の冒頭には、それを編集したといわれる教皇カリクストゥス二世（在位一一一九～二四）の書簡が付されているが、それは偽物である。しかし大聖堂の蔵書は未整理で、この手写本にも整理番号がついていないので、便宜上『カリクスティヌス手写本』（『カリクストゥス写本』とも言う）と呼ばれるようになった。

また一一七三年に同所で、アルナルドゥス・デ・モンテという名の修道士が、この手写本の写しを作成したことが知られている。したがって少なくともその年までにはこの曲集がサンチャゴ・デ・コンポステラに存在していたことが確認される。

サン・マルシャルの曲集も、サンチャゴ・デ・コンポステラの資料も、いずれもオルガヌムはアキテーヌ方式として知られるネウマ符によって記され、音の高さもほぼ正確に示されるようになった（譜例7）。またいずれの資料においても、単旋律またはオルガヌムに作曲されたトロープスと一緒に編集されていることも注目に価する。

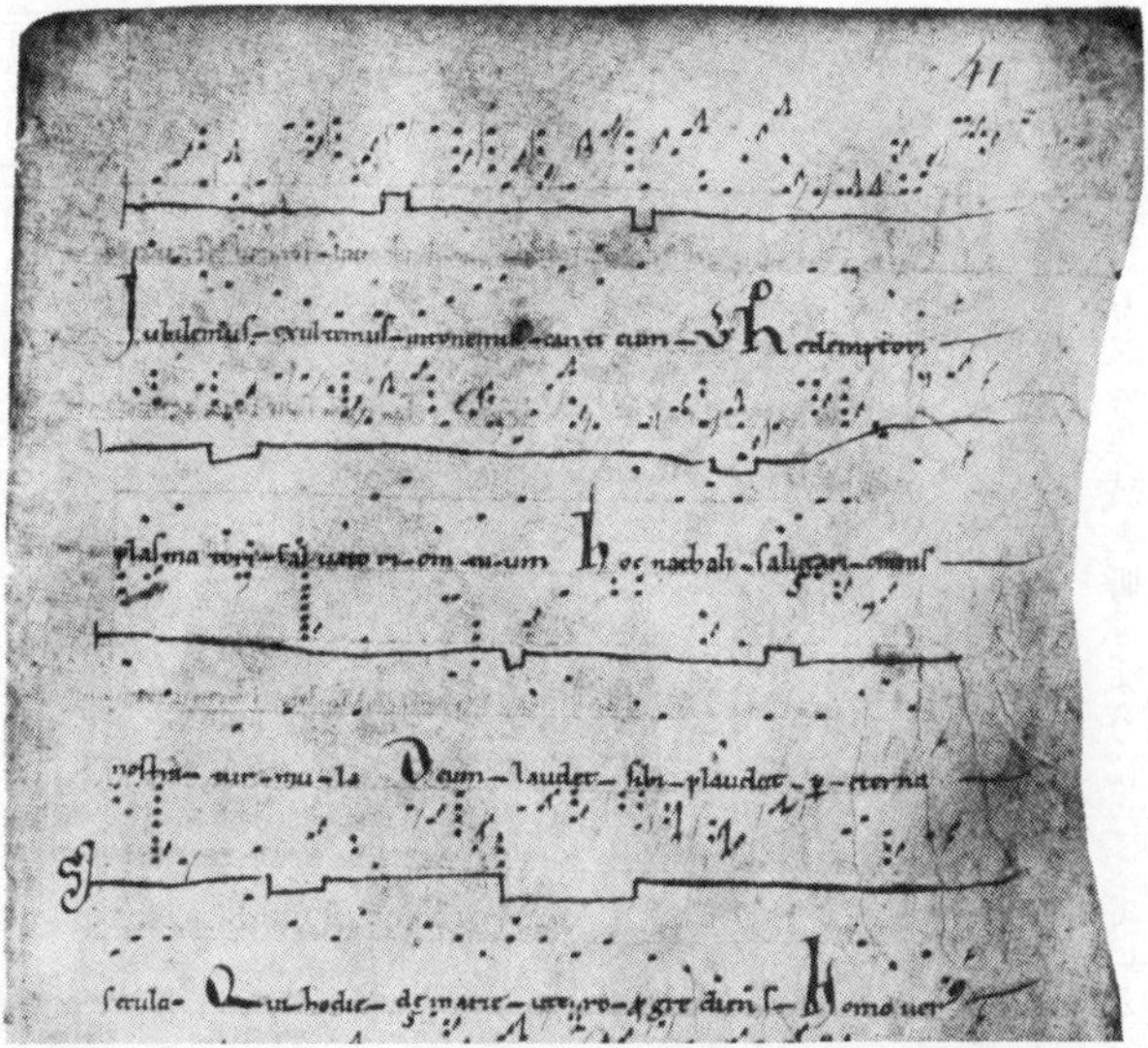

①

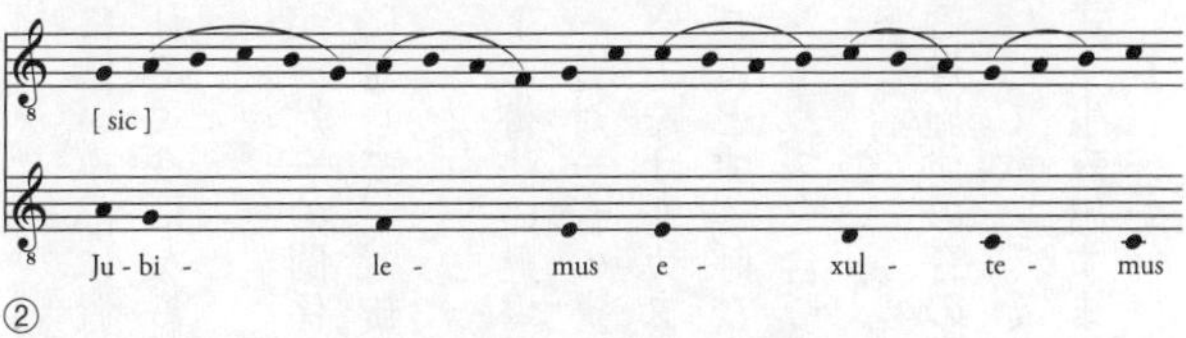

②

譜例７　アキテーヌのポリフォニーの例
旧サン・マルシャル修道院起源の手写譜の例①
その冒頭部分の現代譜②（明らかに冒頭部分に誤記がある）

音の高低のみを記す

この時代のオルガヌムにおいては、定旋律は基本的に低い声部に置かれ、その上に対旋律、つまりヴォクス・オルガナリスが付け加えられるようになる。ただし時には二つの声部が交差することも可能であった。

また従来のオルガヌムと異なり、二つの声部の各音が一対一の関係を必ずしも保つわけではなくなる。むしろ次第に、定旋律の音符一個に対して、対旋律では複数の音符が対応するようになる。

当時の理論家の中には、これら二種類のポリフォニーの書法の違いに注目し、はっきりと区別するようになった者も現れた。すなわち、一音対一音の書法をディスカントゥスと名付け、一つの音に複数の音を対応させる書き方をオルガヌムと呼んだ。ただし一方ではポリフォニー曲全体を指してオルガヌムとする呼び方も、依然として残っていた。そこで狭義のオルガヌムと、ディスカントゥスを含む広義のオルガヌムの両方が共存することとなった。

狭義のオルガヌムにおいては、定旋律の一音に対する対旋律の音の数が次第に増加する傾向が見られ、遂には定旋律の各音を長く引き伸ばして歌い、その上で対旋律が華麗な動きを繰り広げるという、きわめて印象的な様式を生み出すまでに至る。それを今日ではメリスマ様式と呼ぶようになっている。

そもそもメリスマとは、単旋律の聖歌において、歌詞の一つのシラブルに数多くの音符を対応させて、華やかに歌うことを指した。当然のことながらその目的は歌詞を強調することにあり、歌詞の重要な言葉にメリスマが付けられるのが常であった。

メリスマ様式のオルガヌムの場合は、定旋律の各音にメリスマを付け加えることによって、楽曲全体をより華やかに歌うのが目的であったと考えられる。ただし面白いことには、もとの聖歌でメリスマが歌われるパッセージでは、ポリフォニーではむしろディスカントゥスとなる場合が多い。それはおそらく、すでにもとの旋律に華麗な動きが見られる以上、さらに重ねてそれを強調する必要はないと考えたからではないだろうか。

この時代のオルガヌムの楽譜はすでに説明した通り、グレゴリオ聖歌の記譜法を借用していた。したがって書き記せるのは音の高低だけであって、音符に長短の区別はなかった。そこでそれらのオルガヌムを今日歌う場合、各音符を基本的には同じ長さで歌うという、グレゴリオ聖歌のリズムに従うのが常となっている。

しかし長短の区別が示されていないといっても、実際に長短の区別がなかったという保証はない。ひょっとするとこれらの作品にも、口伝えに歌われた独特のリズムがあったのかもしれない。

少なくとも、リズムがはっきりしないからといって、すべての音符を同じ長さで歌うことが、果たしてこれらのレパトリーの元の形を尊重したことになるのだろうか。それよりもむしろ、音楽的素材の性格や歌詞の扱い方を頼りに、元のリズムがどのようなものであったかということを探究した方が、これらの音楽の本来あるべき姿に近づけるのではあるまいか。

そのような考え方から、これらの音楽の現代譜を作成するにあたって、かなり明確なリズムの解釈を試みる学者も現れるようになった今日このごろである。[15] ただしそのような試みも、現在のところではひとつの仮説の域を出てはいない。

三つの都市を結ぶ一つの線

ところが十二世紀も後半に入った段階で、音符の長短を何らかの方法で譜面上に表示しようという工夫が試みられるようになった。その結果、少なくとも十二世紀末までにはリズム・モードの法則が完成され、はっきりとしたリズムで歌われるオルガヌムや、それから派生したモテトゥスなどが数多く現れるようになる。また従来は単旋律で歌われていたコンドゥクトゥスという行列歌も、リズム付きのポリフォニーで歌われることとなる。

そのようなリズム・モードの法則を工夫し、実現したのが、パリのノートルダム大聖堂を中心に活躍した音楽家たちであったといわれる。そこでこれらのレパトリーを今日ではノートルダム楽派、またはパリ楽派の音楽と呼ぶようになっている。

実はノートルダム楽派の音楽家たちが活躍したのは、今日なおセーヌ河の岸辺にゴシック様式の威容を誇ってそびえ立つノートルダムの聖堂が建てられつつあった時期と一致する。また同じ頃、セーヌ河を隔てて南の対岸では、パリ大学が産声をあげていたことは、すでに述べた通りである。

こうしてオルガヌムの舞台は、リモージュやサンチャゴ・デ・コンポステラから、パリへと移ることとなる。その際これら三つの都市ないし町は、一つの線で結ばれていることにも注目したい。すなわちそれらは数世紀にわたって続いた巡礼道の出発点（パリ）、中途点（リモージュ、ただしパリからとは別のルート）そして到着点（サンチャゴ・デ・コンポステラ）にあたる。

サンチャゴとは聖ヤコブのスペインにおける呼び方である。フランスではサン・ジャックと呼ばれている。当時ノートルダムがあるシテ島からセーヌ河左岸に行くには、ポン・ヌフを渡る以外、他に橋はなかった。その先南に向かって延びる道がサン・ジャック大通りであり、その先で町の外に出るところにはサン・ジャック門があった。

つまりパリを旅立って南に向かった巡礼者たちは、サン・ジャック大通りからサン・ジャック門を出て、聖地へと向かったのであった。そこでそれらの通りや門の名称は、サンチャゴという聖地の名にちなんで付けられたのであった。

巡礼者とともに、聖職者たちもまた、これらのルートを通って南の文化をパリに伝え、さらにはヨーロッパ各地へと伝えていった。おそらくオルガヌムもまた同じようなルートを経て、イタリアへ、ドイツへと伝えられていったものと思われる。

第四章　ノートルダム楽派のポリフォニー

1　パリとノートルダム大聖堂

クリスマスの典礼

そもそも十二世紀という時代はフランスにとって、目覚ましい発展と繁栄の時代であった。首都パリの人口は急激に増し、知識階級の活発な活動によって、その文化的水準はヨーロッパ中に肩を並べるものがないほどになった。新しい大聖堂の建築や、大学の成立にいたる流れには、このような背景があったことを忘れるわけにはいかない。

一一六〇年のこと、モーリス・ド・シュリーが第七十三代目のパリ司教に就任した時、かれは九世紀に建てられたノートルダムの規模が、司教座聖堂としてはあまりにも小さいと考え、さっそく新しく建て替える計画を進めた。しかもどうせ建てるのならば、発展しつつある王国の首都にふさわしい、規模の大きい、天に達するような聖堂を建てよう。モーリスの頭には、一一四四年に改築成《な》ったサン・ドゥニ大修道院付属教会のそびえ立つような建物が浮かんでいたのかもしれない。[1]

新しいノートルダムは、古い聖堂をすっぽりと中に含む形で設計された。一般には一一六三年、時の教皇アレクサンデル三世によってその礎石が据えられたということになっている。確かに当時教皇は、神聖ローマ帝国皇帝との争いのため、ローマを離れてフランスに滞在していた。しかしかれがみずからノートルダムの礎石を据えたという説には確証はなく、異論も存在する。

古い聖堂の祭壇や聖歌隊席の部分は、新しい建物を建て始めるのに邪魔であったためにまず最初に取り壊されたが、聖堂の中心部にあたるネーヴはそのまま残されて、新しい聖堂が完成するまではそこで礼拝が行われ、聖歌隊が歌い続けた。

工事は着々と進み、一一八二年五月十九日には教皇特使である枢機卿アンリ・ド・マルシーの手によって主祭壇が聖別された。さらに一二二〇年頃までにはネーヴや翼廊も完成し、十三世紀半ば頃までにはファサードや、南北の塔に関する仕事も、ひとまず完成していた。

工事が進む一方、修道士たちは黙々とかれらの務めを続けた。しかし同時にかれらは、新しい聖堂が刻々と完成していくのを見守っていた。聖堂の壁や塔が次第に天に向かって伸びていくのを見ながら、かれらの心は期待と喜びに膨らみ、はずんだことであろう。そしてかれらの歌声は、次第に高らかに響くようになったことであろう。

その歌声は、クリスマスの季節においてとくに華やかなものとなった。一一九八年のこと、クリスマスを迎えるにあたってパリの司教ユード・ド・シュリーは教令を発布したが、その中で、「ミサにおいて、昇階唱とアレルヤ唱は三声、または四声のオルガヌムで歌ってよい」と述べ、さらにそれは、「四人の歌い手が、行列で歩きながら」歌うこと、としている。

翌年ユードは再び教令を出して、クリスマスの季節における典礼の重要性を強調し、とくに聖ステファヌスの祝日（十二月二十六日）と主の割礼の祝日（一月一日）を正式に祝うこととし、その際「昇階唱とアレルヤ唱を三声、または四声のオルガヌムで歌う」ことに言及している。[2]

《地上のすべての国々は見た》

日本ではクリスマスというと十二月二十五日だけのことを指すようになってしまっているが、実はヨーロッパでは二十四日の夕方のクリスマス・イヴから、一月六日の主の公現（エピファニー、顕現祭）に至る長い喜びの季節とされている。日本で年のはじめの元日が祝われる日には、キリスト教では救世主が割礼を受けた日として祝われる。

またパリでとくに聖ステファヌスを祝うのにもわけがある。実はその昔、パリの守護聖人は聖ステファヌスであった。したがって七世紀の半ばに新たに司教座教会が建てられた時も、それは聖エティエンヌ（聖ステファヌスのフランス名）教会と名づけられた。

この聖堂はかつて、今日のノートルダムの正面広場にあたる位置に建っていたが、十二世紀の新ノートルダム建設の際に取り壊された。司教座がその東側に位置する聖母祈禱堂に移されたのは、九世紀末のことである。

ところで聖ステファヌスの祝日で歌われる昇階唱は《支配者たちは集まって Sederunt principes》である。また主の割礼の祝日で歌われる昇階唱は、一週間前の降誕の祝日と同じく《地上のすべての国々は見た Viderunt omnes terrae》である。そしてこれら二つの昇階唱を四声のオルガヌムで歌うとなると、それは唯一ペロティヌスの作品しか知られていない。

十二世紀の後半に、レオニヌスとペロティヌスという二人の音楽家によるオルガヌムが、パリにおいて歌われ、教会の音楽を大いに盛り上げたという話は、それよりも約一世紀後パリに学んだイングランドの学生の証言によって、今日に伝えられている。

この学生はおそらくトーマス・ベケットや初代オクスフォード大学学長となったロバート・グロステストと同じように、イングランドから学問の都であったパリに留学し、当時ポリフォニーの先端を行っていたパリのオルガヌムを聴いて、それを記録したものと思われる。ただしその学生の名が何と言うのかは、わかっていない。

「第四の無名者」の記録

十九世紀の中頃に、フランスの学者クスマケールが、それよりも半世紀以上も前にザンクト・ブラジーエンのベネディクト会大修道院長マルティン・ゲルベルトが編集出版した中世の音楽理論書集を補充しようと、新しいシリーズを出版した際に、この無名のイングランド学生が残した記録を「第四の無名者 Anonymous IV」作として収録したところから、以後彼は第四の無名者として知られるようになった。[3]

この学生の証言は、当時のパリにおける教会音楽を知るための最も重要な鍵として、今までに何度となく引用されてきた。しかしそれをどう解釈するかに関しては、微妙な問題が残されているので、ここでも要点を繰り返しておこう。[4]

かれによれば、マギステル・レオニヌスは「最高のオルガニスタ optimus organista」であって、神聖な礼拝をさらに充実させるために、ミサと聖務日課のためのオルガヌムを集めた大きな曲集を作成した、という。

この曲集は、今日一般に『オルガヌム大全』の名で知られている。それは第四の無名者の記述にある“magnus liber organi”という表現を、そのまま本の題名として訳したものに他ならない。しかしこの表現は、単に「大きなオルガヌムの本」という意味であって、題名として挙げられたわけではないように私には思われてならない。

いずれにせよ、そのオルガヌム集は、「偉大なペロティヌス Perotini Magni」の時代まで用いられていたが、「最高のディスカントール optimus discantor」であったペロティヌスは「それらを短縮し、より優れたクラウズラ、すなわちプンクトゥムを作った」とされる。

さらにマギステル・ペロティヌスの曲集は、パリの聖母マリア大聖堂《ノートルダム》において、マギステル・ロベルトゥス・デ・サビロネ Magister Robertus de Sabilone の時代を経て、「今日に至るまで」用いられているのだという。

第四の無名者はまた具体的に、ペロティヌスが作曲したという作品を七曲挙げている。うち四曲はオルガヌムで、三声と四声の作品が二曲ずつである。そして四声のオルガヌムの例として挙げられているのが《地上のすべての国々は見た》と《支配者たちは集まって》で、ユード・ド・シュリーがその教令で挙げた昇階唱とまさに一致する。

三声のオルガヌムはいずれもアレルヤ唱で、聖母の誕生を祝う《栄光の誕生 Nativitas gloriae》と、証聖者司教の祝日のための《わたしは援助を与えた Posui adiutorium》の二曲である。

残る三つの作品は、実はオルガヌムではない。いずれもコンドゥクトゥスと呼ばれる行列歌で、単旋律の《祝福された子よ Beata viscera》と、二声の《いと高き父のみしるしDum sigillum summi Patris》と、三声の《今日救い主のSalvatoris hodie》の三曲である。

コンドゥクトゥスとは「行列で歩きながら」歌うこと

従来の歴史書では、コンドゥクトゥスをポリフォニーの一種として説明していることが多いが、これは訂正しておく必要がある。コンドゥクトゥスとは直訳すれば「共に導かれた」という意味で、十二世紀には「行列歌」を指す用語として用いられた。十二〜十三世紀の教会においては、ミサなどの典礼の中でしばしば行列を行って礼拝を盛り上げたとも伝えられる。事実一一九八年のユード・ド・シュリーの教令においても、オルガヌムを「四人の歌い手が、行列で歩きながら」歌うこと、と指定している。

先唱者を含む独唱者たちが行列で歩きながら歌っているのに、かれらに続いて聖歌を歌う聖歌隊がじっとしているはずがない。おそらくは独唱者たちに続いて堂内を行進したのではあるまいか。

オルガヌムとして作曲されることの多かった昇階唱やアレルヤ唱は、ともにミサ典礼における聖歌隊の聴かせどころに当たる。それを行列しながら、ポリフォニー化したオルガヌムを交えて歌うとなると、それが礼拝を盛り上げるのにいかに効果的であったかということは、容易に想像がつく。

しかも広い堂内を行列して歩くとなると、それなりの長さの曲が要求されることにもなる。そこにオルガヌムのような長めの作品が必要となったひとつの理由があるのではなかろうか。元の聖歌に比べると、レオニヌスの作品でも二倍から三倍、ペロティヌスのオルガヌムともなると四倍から五倍の長さに引き伸ばされている。

オルガヌムと並んで、本来の行列歌であるコンドゥクトゥスの人気が高まったのも、時代の流れによるものであったろう。同時にまたそのような行列歌は、典礼外においても盛んに歌われていた可能性が高い。

たとえば当時人気を集めていた典礼劇などにおいても、盛んにコンドゥクトゥスが歌われていたという記録もある。ボーヴェの神学生たちが演じたという有名な典礼劇《ダニエル物語 Ludus Danielis》の場合にも、主役が出入りするたびごとにコンドゥクトゥスが歌われている。

こうしたコンドゥクトゥスの大部分はポリフォニーではなく、むしろ単旋律で歌われるのが常であった。それがやがてオルガヌムの影響を受けて、次第に二声、さらには三声で歌われるようになったものであろう。ペロティヌスが残した三つのコンドゥクトゥスは、言わばその発展の過程を示しているものとも思われる。

先唱者の役割

それはさておき、このような第四の無名者の証言から、十二世紀後半におけるノートルダム大聖堂の音楽の様子が、かなりはっきりと浮き出してくるようにも思われる。それは二人の偉大な音楽家による新しい典礼音楽の発展の歴史である。まずおそらく大聖堂の建設が開始された一一六〇年前後からレオニヌスが活躍し始めて、聖歌隊を指導しながら一年を通しての典礼のためにオルガヌムの曲集を完成した。やがて一世代の後に後継者として現れたペロティヌスが、時代遅れの様式となったレオニヌスのオルガヌムを書き換えて、より進歩的な曲集に改訂した。

となると、レオニヌスもペロティヌスも、ノートルダム大聖堂の聖歌隊長であったに違いない、という話にもなった。そこで当時の記録を片端から調べて、そのような人物を探したが、それに該当するような人物はどうしても見つからない。ついには、レオニヌスなどという音楽家は、伝説の人に過ぎないのではないかという説まで現れた。

しかしそのような推測は、しょせん現代人の考え方にもとづくことであって、当時の実情を十分には知らないために描き出された幻の存在であるように思われる。そもそも当時の教会においては、聖歌隊長などというものは存在しなかった。聖歌隊の指導にあたったのは先唱者と呼ばれる役職の修道士であった。

先唱者は一般にカントル cantor としても知られるが、より正式にはプレセントル precentor の名で呼ばれる。その名が示す通り、ミサなどの典礼において聖歌を歌い始める際に冒頭の独唱部分を歌うことを、その役目としている。

そのように説明すると、のど自慢の修道士が担当する軽い役職のように思われるかもしれないが、先唱者の役割はただ歌うばかりではない。言うなれば典礼全体の音楽の監督に当たり、聖歌隊員の音楽面ばかりでなく、教育や生活の指導を担当することさえある重要な役職である。したがって教会における地位もきわめて高いものとされてきた。

残された三冊の『オルガヌム大全』

とはいうものの、歴代のノートルダムの先唱者の中にも二人の名は見当たらない。しかしレオニヌスが完成し、ペロティヌスが改訂したといわれる『オルガヌム大全』のコピーと思われるものが見つかっている。しかもそれは幾通りかあり、とくに完全に近いと思われるものが三冊も知られている。

三冊のうちの一冊はもともとパリにおいて十三世紀の中頃に手写されたものと思われるが、その後メディチ家の所有するところとなり、現在もフィレンツェのメディチ図書館に保管されている。ミケランジェロの手になるメディチ家の墓所に隣接した図書館で、この極彩色の挿絵入りの手写譜を展示していることも多い。[5]

残る二冊は今では中部ドイツのヴォルフェンビュッテルにあるアウグスト大公図書館の蔵書の中にある。そのうちの二冊目（W_2の略号で一般に知られる）は十三世紀中頃から後期にかけてのパリ起源と思われるが、一冊目（W_1）のほうはスコットランドの北の果てにあった聖アンドルーズ修道院で手写されたことがわかっている。[6]

今日セント・アンドルーズと言えば、ゴルフのメッカとしてあまりにも有名であるが、そのゴルフ場に隣接して修道院の廃墟が残っていることに、どれだけの人が気づくことであろうか。その修道院で十三世紀の半ばにこの楽譜をこつこつと写し続けた修道士もまた、かつてパリに学び、ノートルダムの礼拝にも参加したこともあったのではなかろうか。ただし同時にスコットランド独特の作品を書き込むことも忘れなかった。

聖アンドルーズ修道院はその後、宗教改革のあおりを受けて衰退し、遂には廃絶されてしまう。手写譜そのものは一五五三年にマルクス・ヴァグナーなる人物の手によって大陸へ伝わり、ブランスウィック・ヴォルフェンビュッテル伯爵によって買い取られ、ヘルムシュテット大学に寄贈されたものの、その大学は一八一〇年に廃止され、手写譜は現在の図書館に落ち着くこととなる。このような手書きの曲集も、そのように波瀾万丈の歴史を経てきたものと思えば、興味は尽きない。

三つの『オルガヌム大全』の写しは、比べてみると完全には一致しない。同じ曲でも部分的にかなりの違いが見られる場合もある。それはこれら三つの資料がいずれも後年の写しであることに由来している。それらがどれだけ正確にオリジナルの形を伝えているかに関しては保証のかぎりではない。これは今後の議論上、よく心得ておく必要がある。

『オルガヌム大全』には、作曲者の名前を記した例は一曲もない。したがってレオニヌスやペロティヌスの作品も、情況証拠によって判断する他はない。とくにレオニヌスの場合、かれの作と特定されている作品は一曲もないところから、確実にかれの作として確認できる作品は存在しないことになる。

ペロティヌスの七曲

ペロティヌスの場合は、第四の無名者によって挙げられた七つの作品が知られている。フィレンツェやヴォルフェンビュッテルに残る三冊の曲集には、ちょうどそれに該当する作品が含まれている。これらの曲集が『オルガヌム大全』であることを示す有力な手がかりである。

さらにこれら七曲と一緒に、様式的にも性格的にもきわめて類似した一連の作品が曲集の中に収録されている。となればそれらの作品も、ペロティヌスの作である可能性はきわめて高くなる。そのような例は、昇階唱とアレルヤ唱のオルガヌムにとくに多い。

ペロティヌスのオルガヌムの場合、昇階唱であれ、アレルヤ唱であれ、ポリフォニーとして歌われるのは聖歌全体ではなく、先唱者が独唱する部分だけに限られている。基礎となる聖歌を歌う声部（テノルの名で呼ばれるようになる）に、第二《ドゥプルム》の声部、第三《トリプルム》の声部、第四《クアドルプルム》の声部というように、順番に対旋律をつけていく。

テノルの声部は通常聖歌の各音を長く引き伸ばして歌い、その上で対旋律が華やかにメリスマを歌う。そのメリスマの長さは、アキテーヌのオルガヌムの場合に比べても極端に長い場合が多い。そのような様式を、理論家たちはオルガヌム様式と呼んでいる。

　ところがそのうちにテノルの声部も、音を長く引き伸ばすことを一時止めて、明らかにより活発なリズムで対旋律と一緒に動き始める。ディスカントゥス様式の部分である（ディスカントゥスは、基本的には多声の楽曲の全声部が同じリズムで動く部分をさす呼称）。調べてみるとそれは、もともと単旋律の聖歌においてメリスマとして歌われていた部分にあたることがわかる。

　こうしてペロティヌスのオルガヌムにおいては、一曲の中にオルガヌム様式とディスカントゥス様式が隣同士に現れることになる。その場合のディスカントゥスは、アキテーヌのオルガヌムにおけるそれと異なり、旋律同士が必ずしも一対一で動くわけではない。しかしオルガヌム様式が定旋律の持続音をその特徴とし、ディスカントゥス様式では定旋律と対旋律が同じリズムに乗って一緒に動く点では共通している。

オルガヌムのディスカントゥス様式の部分だけを取り出して、新たに書き換えて作った短いフレーズのことをクラウズラ、またはプンクトゥムと呼んだ。

『オルガヌム大全』には、ペロティヌスのオルガヌムと一緒に、数えきれないほどのクラウズラが収録されている。少なくともそのうちのいくつかは、第四の無名者の証言を考える時、ペロティヌスの作である可能性が大きいが、これまたそれを確認する決め手はない。

同じく『オルガヌム大全』には、百曲に近い二声のオルガヌムが一組にまとめられて収録されている。ミサの昇階唱とアレルヤ唱、それに晩課のための応唱《レスポンソリウム》にもとづくオルガヌム一年分を集めたものである。情況証拠からそれらがレオニヌスの作である可能性はきわめて高い。ただし再三言うように、それを確認する手立てはない。

二人のマギステル

レオニヌス作と思われるオルガヌムもまた、先唱者の独唱部分だけがポリフォニーで歌われる。またオルガヌム様式とディスカントゥス様式という、二つの対照的な部分をも含んでいる。後者はもとの聖歌ではメリスマで歌われる部分にあたる。

このように、声部の数が少ないということを除けば、すべてペロティヌスのオルガヌムの特徴と一致する。というよりも、これら二声の作品を改訂してできた結果が三声、または四声のペロティヌスの作品である可能性は十分ある、というべきであろう。問題は三つの資料がどれだけ正確にオリジナルの形を伝えているか、ということになるが、少なくともここにおいて、十二世紀後半にパリを舞台に展開されたポリフォニー音楽の資料が確認されたことになる。

同時にこれらのレパトリーを作ったといわれるレオニヌスとペロティヌスという二人のマギステルは、当時のパリの音楽家を代表するばかりでなく、音楽史上最初の作曲家としてもその名を知られることとなった。

ただし当時パリで活躍していた音楽家は、おそらくこの二人以外にも数多くいたはずである。それをこの二人だけがオルガヌムの作曲に専念し、聖歌隊に歌わせていたと思い込むのは、現代人の錯覚に過ぎないのではあるまいか。

さらに深く踏み込んで考えてみる時、レオニヌスとペロティヌスは果たして音楽家であったのだろうか。かれらの作品が今日にまで伝えられた結果、われわれがかれらを作曲家とみなすのは、至極《しごく》当然なことだろう。しかしかれら自身は果たして自分たちのことをどのように考えていたのだろうか。

2　ノートルダムの音楽家たち

音楽に限られない活躍

　中世の社会において、高等教育を受けて聖職者となった者のうちには、多岐の分野にわたって活躍した例が少なくない。いやむしろその方が普通であった。とくに自由七科を習得してマギステルの肩書で呼ばれるようになれば、自分が専門とする分野以外において卓越した業績を残すことも、決して珍しいことではなかった。

たとえばその良い例に、十四世紀フランスで活躍したギヨーム・ド・マショーがいる。現代人であるわれわれは、かれが残した数々の音楽作品を高く評価して、時代を代表する偉大な作曲家と考える。しかしかれ自身は自分の能力や業績をそのような小さな分野に限られてしまうことは、心外であったに違いない。

　事実かれ自身自分の力を十分評価していて、自分こそは当代きっての学者であり、詩人であるとも豪語していた。また同時に、最大の文学者、修辞学者、数学者、天文学者、音楽家でもあると称していた。そして現実には有能な政治家、高位の聖職者として世を過ごした。
レオニヌスやペロティヌスの場合も、かれらは音楽家であるという先入観を一度捨てて考えてみることによって、かれらの実像をよりはっきりとさせることができるのではないだろうか。

アダンの代表作《十字架の賛歌》

その前にかれら以外にノートルダムで活躍した音楽家について、二、三の例を見てみることにしよう。[7]たとえば十二世紀の前半に活躍したアダンという名の先唱者がいた。かれの名が最初に大聖堂の記録に現れるのは一一〇七年のことで、その時すでにかれは先唱者の肩書を持っていた。

一一二〇年のこと、エルサレムの聖墓教会から聖なる十字架の破片がパリのノートルダムへ移されるという出来事があった。その打ち合わせのために、幾度か手紙のやり取りがあったが、ノートルダムへの手紙は五人の大聖堂の代表者たちに宛てられている。その中にはアダンの名も含まれていた。

聖なる十字架は八月の最初の日曜日に到着し、大聖堂の聖職者たちはそれを受け取るために、パリの郊外まで厳かな行列をしたという。以後ノートルダムではこの日を、十字架受領の祝日として祝うこととなったという。

アダンはまた、ギヨーム・ド・シャンポーが創設したサン・ヴィクトール修道院とも深い関係をもっていた。その晩年には大聖堂の職務を続けながら、修道院の参事会の会員をも務めていた。そして他界した際には、修道院内に埋葬されたという。サン・ヴィクトール修道院の図書室には、かつてアダンを描いたとされる肖像画が飾られていたという。そしてその下には、「アダン、パリ大聖堂の先唱者、われらが参事会会員、一一四六年一月没」と記されていたと伝えられる。[8]

最近の研究によれば、このアダンはプローザの作者として有名なアダン・ド・サン・ヴィクトールと同一人物であるという。[9]これまでアダン・ド・サン・ヴィクトールであるとされ、一一九二年に死んだ人物は、アダン・ブリトーという別人であるといわれる。

プローザはもともと散文詩の形式であったが、トロープスの歌詞として書かれるようになり、次第に韻文化した。そして最終的には事実上、続唱の歌詞として書かれるのが一般的となる。

アダンの代表作に、《十字架の賛歌 Laudes crucis》がある。ノートルダムでは、十字架受領の祝日のミサで、続唱として歌われていた。もともとは一一二〇年の十字架受領の際に、それを祝って作られたのではないかという推測も成り立つ。

続唱は、既存の旋律にプローザを付け加えて歌うのが基本であるから、この場合アダンを作曲者と言うわけにはいかないかもしれない。しかし新しい歌詞を付ける際に、もとの旋律に多少なりとも手を加える必要があるわけであるから、少なくとも編曲者と呼ぶことはできるのではあるまいか。

アキテーヌ様式の《共に喜べ、カトリック信者たちよ》

アダンの後を継いで先唱者となったのはマギステル・アルベルトゥスであった。パリとオルレアンとのちょうど中間に位置するエタンプの出身であったため、アルベルトゥス・スタンペンシス Albertus Stampensis の名でも知られた。

アルベルトゥスの名が参事会会員としてノートルダムの記録に初めて載るのは一一二七年のことであった。そして一一四六年以後、他界するまで先唱者を務めた。かれの後任者が就任するのが一一七七年のことであるから、かれはその年か、少なくとも前の年までに死んだことになる。

スペインの巡礼地に残る『カリクスティヌス手写本』には、「パリのマギステル・アルベルトゥス Magister Albertus Parisiensis」作と明記された三声のコンドゥクトゥス《共に喜べ、カトリック信者たちよ Congaudent catholici》が含まれている。

確証はないものの、この作品が先唱者アルベルトゥスの作であるということは、今世紀の学者たちの一致した見方である。[10] もしそうであるとするならば、アキテーヌ様式のコンドゥクトゥスやオルガヌムが、レオニヌスの作品に先立って、パリにおいても歌われていた可能性が出てくる。

しかし考えてみればそれは至極自然なことなのではないだろうか。レオニヌスのオルガヌムのような時代の先端をいく作品が、それまで聖歌ばかりを歌っていたような保守的な教会に、突然現れるというのはきわめて不自然な話ではないか。

パリとサンチャゴ・デ・コンポステラは、一つの巡礼街道で結ばれている。しかもそれはアキテーヌ地方を通る。パリの音楽家の作品が、巡礼地に伝わるのはきわめて自然の成行きである。同様に南方のポリフォニーのレパトリーがパリに伝えられるのも、十分考えられる話である。

アルベルトゥスの遺言によると、かれが所有する蔵書十冊を大聖堂に贈る、とある。おそらくそれらはかれ自身が大聖堂の礼拝で実際に用いた典礼書や聖歌集と思われるが、その中にトロープス集二冊とヴェルサリウス（聖句）集二冊が含まれているのがとくに注目される。

トロープス集にしばしばオルガヌムが含まれていることはすでに見てきた通りである。またヴェルサリウス集には、《共に喜べ、カトリック信者たちよ》のようなコンドゥクトゥスも含まれていたかもしれない。いずれにしろ彼の蔵書中に、ポリフォニーの作品が含まれていた可能性は、十分考えられる。

さらに異なる視点から考えてみる時、アルベルトゥスがレオニヌスのオルガヌムを知っていた可能性、いやそれどころか実際にその演奏に加わっていた可能性も十分考えられるのではなかろうか。何はともあれアルベルトゥスは一一七七（または七六）年まで先唱者を務めていたわけであるし、レオニヌスのオルガヌムはちょうどその頃、大聖堂で盛んに歌われていたとされているのであるから。

レオニヌスの正体

そのレオニヌスに関しては、それが果たして何者であるかを、従来数多くの学者が調べてみたものの、何らの手がかりも得られなかったという話はすでにした通りである。問題は、学者たちが調べたのが音楽関係の資料であった、ということだったらしい。

ひとりの若手の学者が視点を変えて、大聖堂の周辺の、音楽とは無関係の資料を調べてみた。すると「最高のオルガニスタ」の有力な候補者と考えられる人物が、大聖堂の上位の聖職者の中に見つかった。その正式名はマギステル・レオ、あるいはレオニウス、そして愛称がレオニヌス。その人物は詩人でもあったという。[11]

当時のパリにおいて、レオという名はきわめて珍しい名前であった。しかもマギステルの称号を持ち、大聖堂周辺の高位の聖職者であるとなると、おのずから限定されてしまう。資料を見る限りそれに該当するのは一人しかいない、ということになる。

ノートルダム大聖堂のあるシテ島から、ポン・ヌフを渡ってサン・ジャック大通りをしばらく行くと、右手にその昔サン・ブノア（聖ベネディクト）教会という小さな聖堂があった。後年ソルボンヌ学寮が建つこととなる敷地のほぼ北隣りである（図1）。この聖堂はその昔、メロヴィング王朝時代に祈禱堂として建てられたが、その後大聖堂所属の参事会教会となり、大聖堂の聖職者によって管理されるようになった。

一一七九年のこと、当時サン・ヴィクトール修道院に居住していたパリ司教モーリス・ド・シュリーの斡旋で、シェルの女子修道院所属の三つのぶどう畑が十二リーヴルでサン・ブノア教会に売り渡されることとなった。

この時教会を代表して、直接その金を支払ったのが参事会会員でもあった「マギステル・レオニヌス」であり、その同じ人物がのちの認可書には「マギステル・レオニヌス」となっている。しかも関連資料からこの人物はその時すでに少なくとも二十年にわたってサン・ブノアの管理を任されていたという。

その後マギステル・レオニウス、またはレオニヌスの名は頻繁に大聖堂関係、それもとくにサン・ブノア教会関係の書類に現れることとなる。なかでもとくに興味深いのは、先唱者アルベルトゥスの遺産に関する一一九二年の大聖堂の記録である。

アルベルトゥスは遺言によって、セーヌ左岸のサン・ブノア教会に近い小さな家を、

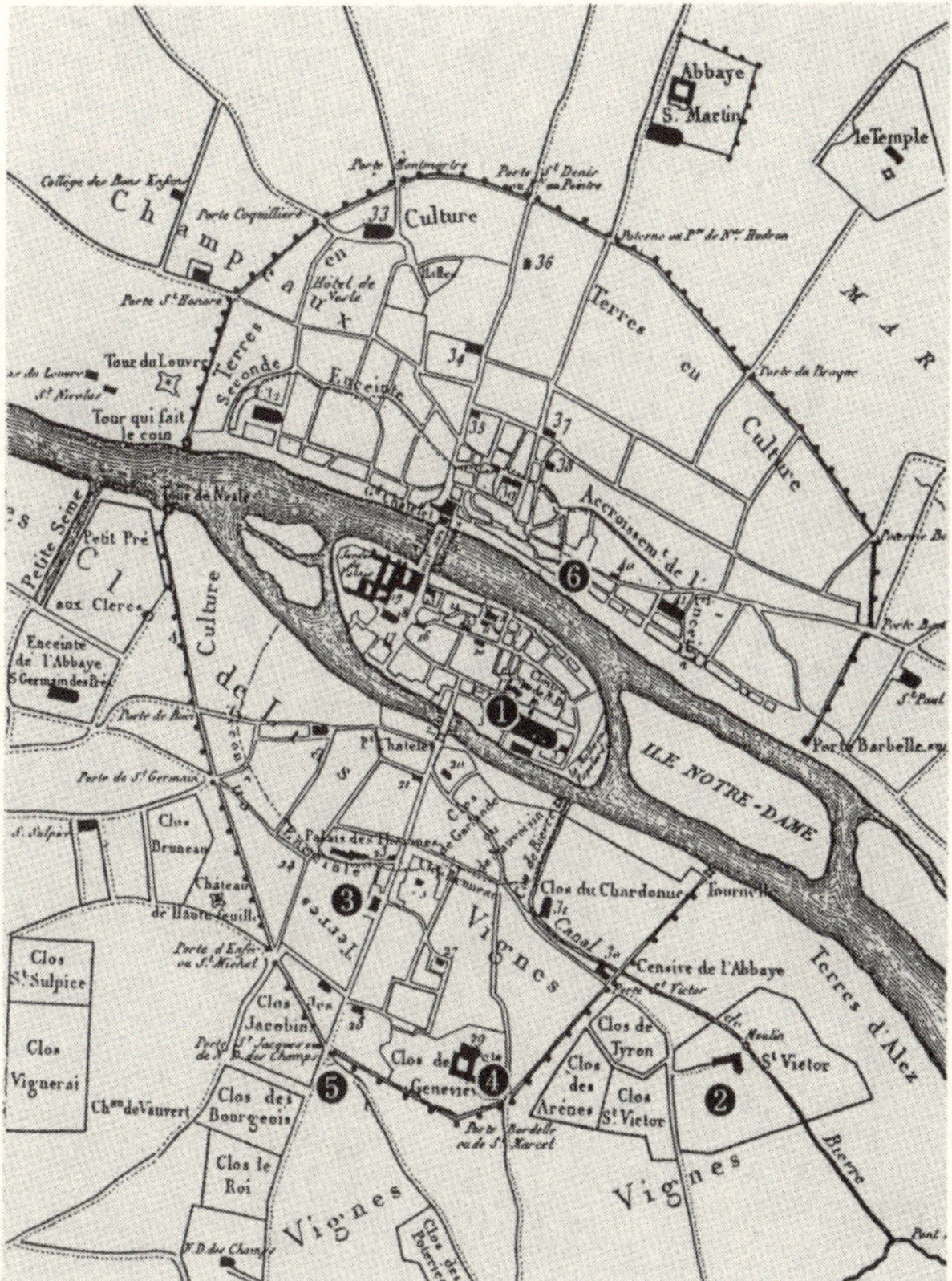

図１　12世紀のパリ
①ノートルダム大聖堂　②サン・ヴィクトール修道院　③サン・ブノア教会　④サン・ジュヌヴィエーヴ修道院　⑤サン・ジャック門　⑥ラ・グレーヴ地区

大聖堂に贈与した。一一九二年の契約書によると、大聖堂の参事会はこの家を二人の平信者に貸し、その家賃の半分は直接サン・ブノア教会に、残る半分は「当時大聖堂内の、かつてアルベルトゥスが居住していたところに」住んでいた「大聖堂の参事会会員」に支払うこと、となっている。

この契約書では大聖堂側から数名の代表者が宣誓者として記録されているが、その中のひとりに「司祭レオニウス Leonius presbyter」の名が含まれている。以後かれの名は、大聖堂の書類や記録に何度となく現れることとなる。そして突然それは断絶する。それは一二〇一年のことであった。

晩年のレオニヌスは、大聖堂のさまざまな書類を承認して署名する代表者のひとりという重要な役職にあったらしい。しかもその内容から、かれがきわめて高い位にあったことがわかる。また同時に、サン・ヴィクトール修道院の記録から、かれが修道院の参事会会員をも兼ねていたこともわかっている。

当時の習慣によれば、死んだ者の記録は、死んだ月日ごとに分類して記されるのが常であった。ただしその際、死んだ年まではわからない。それはおそらく死んだ者への祈りをその命日に行うためのものであったろう。

マギステル・レオニウスの名は、大聖堂と修道院の両方の死者記録簿に出ている。ただし不思議なことにその命日は大幅に食い違っている。大聖堂の記録では三月二十四日、修道院のそれでは十二月二十六日。ただしそのような食い違いは当時ではそれほど珍しいことではなかったともいわれる。

「最高のオルガニスタ」という表現の意味

問題は、この高位の司祭マギステル・レオニウスが「最高のオルガニスタ」と同一人物であることを証明する決定的な証拠が見つかっていないことである。それでは二人の同名人物が同じ時代に、同じ教会で活躍したのだろうか、ということになるが、周辺の状況から判断して、その可能性はきわめて少ないように思われる。

「レオニヌス」などという愛称を、高位の、しかも高齢の司祭に向かって呼びかけるのは、不自然ではないだろうか、という疑問も出されている。しかし当時の習慣では、位の上下にかかわらず、とくにその地域社会において顔なじみとなっている場合に、それもむしろ高齢者に対して、親しみを込めて愛称で呼ぶことが少なくなかったという。

もうひとつの問題は、音楽家であるマギステル・レオニヌスが一二〇一年頃に死んだというのは、遅すぎはしないか、という疑問である。もしそれが事実であれば、ペロティヌスが大いに活躍をしていた時点で、レオニヌスも依然健在であったということになる。

しかし考えてみれば、それもあり得ないことではない。健在であったからといって、それは最後まで歌い続けたということではない。大聖堂の運営に関与するような重要な役職に就いた時点で、音楽面からは引退して、後進にあとを任せたということのほうが、むしろ自然であるように思われる。

ここで「最高のオルガニスタ」という表現の意味について、少し深く考えてみよう。従来「オルガニスタ」という言葉を訳して、「オルガヌム歌手」あるいは「オルガヌム作曲家」とすることが多かった。それは決して誤訳ではない。しかしそれは現実に、どのような職務を意味していたのであろうか。

レオニヌスの時代のオルガヌムは二声であった。ということは、それは二重唱で歌われたということになる。

現代的な感覚からすると、ポリフォニーを歌うのは聖歌隊の役割であるように考えてしまうが、それは違う。聖歌隊の務めは単旋律の聖歌を歌うことにあった。ポリフォニーを担当するのはごく限られた数の、とくに音楽の才能に恵まれた歌い手であった。ここでユード・ド・シュリーの教令にあった「三声、または四声のオルガヌム」を、「四人の歌い手が、行列で歩きながら」歌うこと、という指示を思い起こしてみると良い。

つまり四声のオルガヌムは、四重唱で歌われたのである。それはまた、オルガヌムとして歌われる部分が、本来先唱者によって独唱された聖歌の部分であるという事実とも一致する。すなわち四声のオルガヌムは四人の独唱者たちによって歌われたのである。

レオニヌスのオルガヌムの場合も、二重唱で歌われたことは間違いない。その際聖歌の旋律を歌うのは、本来先唱者の役割であった。とするならば対旋律、つまりヴォクス・オルガナリスを歌うのは、助手に任されていたはずである。

その助手は、必ずしも聖歌隊員である必要はない。他に同じ教会のメンバーで、ヴォクス・オルガナリスを即興で歌うことに秀《ひい》でた者がいた場合は、たとえそれが高位の聖職者であったとしても、「私に歌わせろ」などと言って、歌ったかもしれない。とくにその人物が、先唱者とごく親しい関係にあったとしたら、なおさらのことである。

音楽家レオニヌスの像

ここで少しばかり飛躍的な推測を許していただきたい。レオニヌスが「最高のオルガニスタ」であったという意味は、「先唱者が歌う聖歌の旋律に対して、即興でヴォクス・オルガナリスを歌うのが最も上手な歌い手であった」ということではなかろうか。そしてその際の先唱者とは、他ならぬマギステル・アルベルトゥスであったのではなかろうか。

一一九二年の契約書において、「かつてアルベルトゥスが居住していたところ」に住んでいた「大聖堂の参事会会員」とは果たして何者だろうか。あるいはそれはマギステル・レオニヌスその人であったのではないだろうか。

すなわちレオニヌスとアルベルトゥスは、きわめて親しい間柄にあり、一連の二声のオルガヌムも、最初は二人の協力による即興から生まれたものなのではないだろうか。さらに想像力を働かせるならば、レオニヌスがオルガニスタを引退したのは、アルベルトゥスの死がその動機となったのではあるまいか。

こうした推測がどこまで正しいかは、今後の研究によって確認する必要がある。ただし現在の段階において、以上の仮説を基として、ひとつの可能性としての音楽家レオニヌスの像を描き出してみることは、許されるのではないだろうか。

レオニヌスがいつどこで生まれたのかはわかっていない。しかしその後の経歴から推察して、一一二〇年代から三〇年代にかけてであった可能性が強い。

レオニヌスはおそらく少年時代から大聖堂付属学校で教育を受けた。さらに自由七科を修めた上で神学を学んだが、それは引き続き付属学校であったかもしれないし、サン・ヴィクトール修道院、あるいは左岸の他の学校であったかもしれない。いずれにせよ、少なくとも一一七九年までにはマギステルの学位で呼ばれるまでとなっていた。

レオニヌスには大聖堂の聖歌隊員であった時代があったのかもしれない。しかし生涯の仕事としてはむしろ大聖堂の運営にあたる道を選んだ。そして一一六〇年頃には参事会会員として、サン・ブノア教会の管理を任されるようになる。

一方大聖堂の典礼においては、先唱者アルベルトゥスの助手として、即興でオルガヌムを歌うのを常とするようにもなった。学識豊かなかれは、自分が歌ったオルガヌムを楽譜に書き記し、集大成して『オルガヌム大全』を完成させた。

一一七七年頃先唱者アルベルトゥスの死去を機会に、彼はオルガヌムを歌う役目を引退し、後進に道を譲った。以後ますます大聖堂の運営面で活躍を続け、サン・ヴィクトール修道院の参事会会員としての重職をも兼ねながら、一二〇一年頃にこの世を去った。

「オルガニスタ」と「ディスカントール」の違い

レオニヌスがオルガヌムの歌い手を引退した時、すぐその後を引き継いだのがペロティヌスであったかどうかは明らかでない。しかし世紀末までにペロティヌスの代表作が完成していたことを考えれば、レオニヌスの引退とペロティヌスの登場の間にはさほど年月の隔たりはなかったはずである。

ペロティヌスの場合、その名が当時のパリにおいてあまりにも一般的な名前であるために、かえって人物を特定するのが難しくなっている。「ペロティヌス」とは「ペトルス」の愛称であり、土地の俗語では「ピエール」となる。この時代ジャン（ヨハネス）とピエールは、最もありふれたフランス人の名の双璧であった。

ノートルダム周辺で活躍した数多くのペトルスのうち、「最高のディスカントール」の最有力候補と見なされるのが、一二〇七年から一二三八年にかけて、大聖堂の「先唱者代理 succentor」としてその名が記録に残るペトルスである。

この先唱者代理がマギステル・ペロティヌスなのではないかという説を最初に提案したのは、フランスにおける中世音楽の権威アメデ・ガストゥエであった。そしてそれにはルドルフ・フィッカーやジャック・ハントシンをはじめとする学者たちが賛同した。

これに対して、モテトゥスの研究などで名高いイヴォンヌ・ロクセトが異論を唱えた。先唱者代理のように権威ある高位の役職にある者を、「ペロティヌス」などと愛称で呼んだはずがない、というのである。

しかしすでにレオニヌスの例を見てもわかるように、高位の役職にある高齢者であるからこそ、愛称で呼んだのかもしれない。そのような例はかれら二人以外にも、見られるところであるという。[12] 東洋にも「達磨《だるま》さん」や「一休さん」の例があるではないか。

先唱者代理のペトルスは、セーヌ河右岸、それもシテ島から河を隔ててすぐ北のラ・グレーブ地区の出身で、兄弟のうち他に二人までも高位の聖職者となったというから、きわめて教会と関係の深い家の出であったことが推察される。ヨハネスという名の兄弟は、パリの南のエルミエールにあるプレモントレ会大修道院の参事会会員などを務めている。またもうひとりのテリクスは、キプロス島のニコシア大司教となったが、ほどなく一二一一年に他界してしまった。

ペトルス自身は大聖堂の参事会会員として、経済的な問題に手腕をふるったり、論争を裁いて決着をつけたりもしていたらしい。かれの名は先唱者代理として、一二〇七年から一二三八年にかけて記録されている。かれの名が記録から消えた時点で、おそらく他界したものと推察される。

レオニヌスが「オルガニスタ」と呼ばれたのに対して、ペロティヌスは「ディスカントール」の名で称賛されたという違いは、きわめて明白であろう。すなわち後者は、ディスカントゥスを歌う、または創るのが巧みであったということを意味する。

大聖堂の重職にあり、典礼音楽も担当した?

この頃までには同じ作品の中でも、冗長なオルガヌム様式の部分よりは、活発なリズムによって歌うディスカントゥスの方が、一般的には聴かせどころと考えられるようになりつつあった可能性が強い。そこでその部分だけを取り出して歌ったり、書き換えたりする習慣が起こった。それがすなわちペロティヌスが得意としたクラウズラである。

そもそもレオニヌスとペロティヌスのオルガヌムの間には、重要な違いがひとつある。前者が二声であるというのに対して、後者は三声、あるいは四声であるということで、それは単に声部の数が増えたというような簡単な話ではない。

二声の場合、作曲者を兼ねた歌い手が対旋律を歌えば、わざわざそれを楽譜に記さなくとも、その場で即興的にそれを歌うこともできたはずである。それに対して対旋律が三つ、四つとなると、ひとりでそれを全部歌うわけにはいかない。

そうなると、あらかじめ楽譜に記す必要はないかもしれないが、少なくとも前もって曲を作っておいて、それぞれの歌い手たちにそれぞれの声部を教えておかなければならない。ペロティヌスの作品が、レオニヌスのそれに比べて、即興的な要素が少ないのは、実にこのためであったと考えてよかろう。

ところで十三世紀に入ると、先唱者という役職は次第に名誉職的な性格を帯び、実際の仕事は主に先唱者代理に任されていたといわれる。したがって先唱者代理であったペトルスも、毎日の礼拝の準備から、聖歌隊員の指導、典礼書や楽譜の管理などなど、広範囲にわたる多彩な仕事をこなしていたことになる。

にもかかわらず、かれにとってはさらに重要な参事会会員としての仕事が待ち受けていた。それに比べればかれにとっては、クラウズラの作曲などという仕事はむしろ絶好の息抜きの機会であったのかもしれない。

オルガヌムの作曲者である「偉大なマギステル・ペロティヌス」が、先唱者代理ペトルスと同一人物であるという証拠は今のところない。しかし当時の大聖堂、さらにはパリにおける教会とそこに仕える聖職者たちの事情を見る限り、かれが典礼音楽のみに専念し、曲を作り、聖歌隊を指導していただけの専門家であったという可能性はきわめて低い。

すなわちレオニヌスにしろ、ペロティヌスにしろ、本来は大聖堂の重職にあり、さまざまな職務をこなすかたわらで、典礼音楽をも担当し、その結果オルガヌムを歌い、また作品を記録に残したものと考えてよいのではないだろうか。

3　ノートルダム楽派の記譜法

ほぼ定着しつつあった五線

さてそこでいよいよ、実際にノートルダム楽派のオルガヌムの例を見てみることにしよう。それにはまず、『オルガヌム大全』として残された楽譜を検討してみる必要がある。そこで具体的に、ペロティヌス作とされるアレルヤ唱のひとつを例にとって見てみよう（譜例1）。

オルガヌムの楽譜はスコア形式で書かれている。すなわち同時に歌われる声部を縦に並べて書いている。譜面は、この頃までには五線がほぼ定着しつつあったが、場合によっては四線になったり、六線になったりもしている。

音符は伝統的なグレゴリオ聖歌の方式を借用した。いわゆるネウマ符によっている。すなわち単独の音符は黒色の四角で記される。ただその場合、四角そのままのプンクトゥス（■）と、右側に下向きの脚がつくヴィルガ（■̣）の二種類がある。プンクトゥスとヴィルガの違いは本来音の長短とは関係なかった。もともとは声を張り上げて歌う時にはヴィルガを、声を落として歌う時にはプンクトゥスを用いたという。事実聖歌の譜などを見ても、ひとつの旋律の流れにおいて、高めの音はヴィルガで、低めの音はプンクトゥスで表記するのが通例となっているのにふと気づく。

しかし現存する『オルガヌム大全』の写しを見てみると、しばしば長めの音にヴィルガを用いている例を見受ける。たとえば曲の冒頭で全部の声部が同時に声を張り上

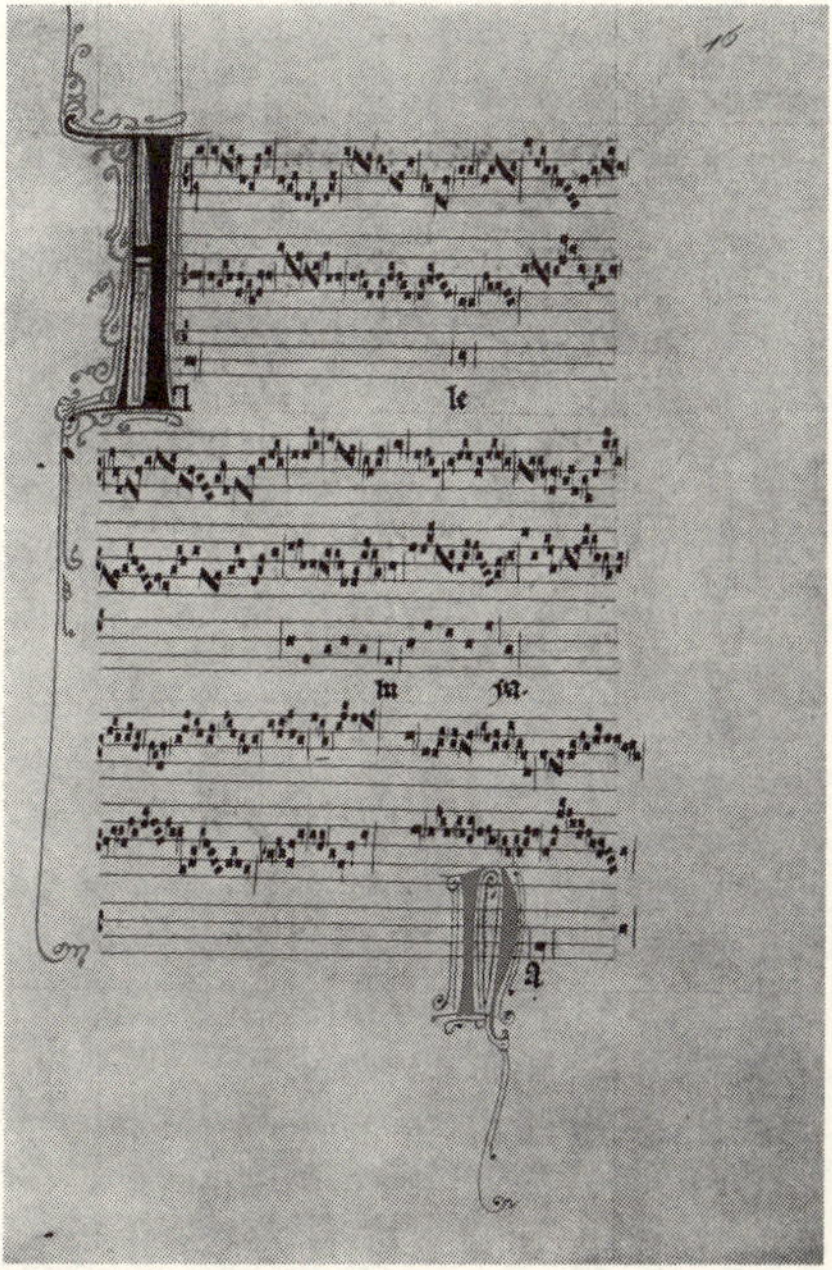

譜例1　アレルヤ唱（ペロティヌス作）

げて、長く伸ばして歌う場合などは、たいがいヴィルガで記されている。

どうやら十三世紀の中頃までには、長めの音をヴィルガで記すという傾向が見え始めてきているように思われる。しかしそれが、現存しないオリジナルの『オルガヌム大全』からそうであったのかどうかは、今となっては知るよしもない。

ひとつのシラブルに複数の音をあてて伸ばして歌う際には、それらの音符を連結して書き記すやり方も、聖歌の慣例である。そのように連結された音符をリガトゥラと呼ぶ。文字通り「集められたもの」という意味である。

もっともリガトゥラは、すでにウィンチェスターやアキテーヌのポリフォニーにおいても用いられている。しかしノートルダム楽派の用い方には、独特な特徴がある。

定旋律を歌うテノル声部は、原則としてヴィルガやプンクトゥスで記されている。一方対旋律は、いずれも主にリガトゥラの連続で、しかもきわめて規則正しく並べられた形で表記されている。実はそれによって、リズム・モードという一定のリズムの型を示しているのである。

人間の脈拍と「拍」

音の長短を区別して表記する工夫は、ノートルダム楽派の音楽家たちによって実践された。それを最初に思いついたのはレオニヌスであろうと、今では一般に考えられているが、確認されているわけではない。あいにくなことに、レオニヌスもペロティヌスも、自分の記譜法を具体的には説明していない。したがってこれらの楽譜を解読するのは、生易しい問題ではない。

手がかりとなるのは、第四の無名者をはじめとする当時の理論家たち、とくに一二四〇年頃に『計量音楽論 De mensurabili musica』を書いたパリ大学のマギステル、ヨハネス・デ・ガルランディア Johannes de Garlandia らの証言である。[13] かれらの説明を総合することによって、これらの楽譜を、正確にとはいかないまでも、ほぼ納得できる形の現代譜に直すことが可能となった。

音の長さを表示すると言っても、現代の楽譜のように一定の長さの音を一定の形の音符で正確に書き記す、というわけではない。つまり長い音と短い音の関係は相対的なものであって、たとえば短い音の二倍が長い音一個分などという絶対的なものではなかった。

ここはひとつ今日の常識を一時完全に忘れて、当時の音楽家の心になったつもりで考えてみる必要がある。

音の長さを論じる上は、基準となる長さが必要である。それをやがて「テンプス」と呼ぶこととなる。訳せば「時間」であり、後年の「タクトゥス」、すなわち「拍」と同じ意味で用いられた。それは最初、人間の脈拍とほぼ同じ長さと考えられた。

より短い長さを得るために、基準音価は三等分された。なぜ三等分かと言えば、それは三位一体を象徴するため、より完全な分割法と考えたためらしい。いかにも当時の学識豊かな教会音楽家が考えそうなことである。

ところでそのように基準音価を三分割したために、問題が起きる。すなわち基準音価を1とするならば、分割によって⅓と⅔という二種類の長さが生じる。つまり全体では三種類の長さが可能となる。ところが音符には、長い《ロンガ》と短い《ブレヴィス》の二種類しかない。ではそのディレンマをどう解決することができるのか。

同じ長さの音が連続的に続く場合は別に問題はない。一連のロンガは1の連続、一連のブレヴィスは⅓の連続となるからである。

ロンガとブレヴィスが交互に現れる場合は、それら二つの音が、一つの基準音価を分け合うことになる。当然ながらその場合は、ロンガが基準音価の⅔、ブレヴィスが⅓となる。

ところがブレヴィス二個が二つのロンガに挟まれた場合、二つのブレヴィスは自分たちの間で一つの基準音価を分配しなくてはならない。ところが三分割の原則によって、基準音価を二等分することはできない。

そこで不公平ながら、二つのブレヴィスのうち、最初のそれは⅓、二番目のそれは⅔という苦肉の策の分割法となる。この場合、二番目のブレヴィスのように、本来の音価の二倍となることを「アルテラツィオ alteratio」と言う。

つまりロンガもブレヴィスも、必ずしも同じ長さとはならない。すなわち前後の関係によって、相対的に計量されなければならないのである。基準音価一つ分はロンガによって、その⅓はブレヴィスによって表示される。しかし⅔の場合は、時にはロンガともなるし、ブレヴィスともなるのである。

この原則を頭に入れておかない限り、ノートルダム楽派の記譜法は理解することはできない。あとはこの原則が、六つの基本リズム型によって、どのように生かされるかという問題であろう。

六種類のリズム・モード

六種類のリズム・モードは、長短の組み合わせによって、次のように分類される。それはちょうど古典の詩文における六つの長短格と一致する。

第一モード	長―短	トロケウス	Trochaeus
第二モード	短―長	イアンブス	Iambus
第三モード	長―短―短	ダクティルス	Dactylus
第四モード	短―短―長	アナペストゥス	Anapaestus

第五モード　長―長―長　スポンデウス　Spondeus
第六モード　短―短―短　トゥリブラクス　Tribrachus

これらはいずれも各モードの最小単位で、「オルド ordo」の名で呼ばれる。オルドが二つ、三つと増えるに従って、それぞれの型は二回、三回と繰り返され、最後は止めのロンガで締めくくられる。

リズム・モードを最初に古典詩の長短格に結びつけて論じたのは、十三世紀末に活躍したイングランドの理論家ウォルター・オディントン Walter Odington であった。しかしそのような結びつきは、実際に記述しないまでも、中世の学者や音楽家の頭の中には潜在的に存在した可能性が強い。

基礎はアウグスティヌスの『音楽論』

なぜならばそのような韻律論は自由七科を学んだ際に、すでに修辞学において身につけたはずのものであるし、元を糺《ただ》せばボエティウスの著作と同様に、学生たちによって盛んに読まれていたアウグスティヌスの『音楽論』において論じられていることであるからである。

アウレリウス・アウグスティヌス Aurelius Augustinus（三五四～四三〇）は、その

『音楽論 De musica』を、三八七年から四年かかって書き上げたとも言われる。それは六巻から成り、主としてさまざまな詩を例にとってのリズム論となっている。後年かれは、さらに時期を待って旋律論をも書くつもりであったことを述べている。[14]
ここでとくに注目されるのは、『音楽論』第二巻第八章の終わりに見られるギリシャの韻律に関する論述である。すなわちそこには二十八種類の韻脚が実例を挙げながら説明されているが、そのうちの第二〜六種と、第八種が上記のリズム・モード六種類と対応する。念のため、その部分をここに引用しておこう。

第一の韻脚はピリキウスと呼ばれ、fuga のように、二つの短《ブレヴィス》、つまり二つのテンプスから成る。

第二はイアンブスで、parens のように、短と長《ロンガ》、つまり三つのテンプスから成る。

第三はトロケウス、またはコリウスで、meta のように、長と短、つまり三つのテンプスから成る。

第四はスポンデウスで、aestas のように、二つの長、つまり四つのテンプスから成る。

第五はトゥリブラクスで、macula のように、三つの短、つまり三つのテンプスから成る。

第六はダクティルスで、Maenalus のように、長と二つの短、つまり四つのテンプスから成る。
第七はアンフィブラクスで、carina のように、短と長と短、つまり四つのテンプスから成る。
第八はアナペストゥスで、Erato のように、二つの短と長、つまり四つのテンプスから成る。[15]

このように、順番や番号は必ずしも一致しないものの、六種類の韻脚、ないしはリズム・モードが見事に隣同士肩を並べ、しかもそれぞれの定義も一致しているというのは、単なる偶然とは思われない。

ちなみにこの場合の「テンプス」とは、音節を発音する際の時間的最小単位を意味し、それは韻脚の短《ブレヴィス》に相当する。それに対して長《ロンガ》は、その二倍の長さに当たる。ただしリズム・モードにおいては、三分割が原則であるために、「四つのテンプス」はあり得ない。「三つのテンプス」の次は「六つのテンプス」である。そこで単独のテンプスは「短」で、また三つのテンプスは「長」で表示されるものの、二つのテンプスは前後の関係によって「長」とも、「短」ともなることとなった。

このあいまいさが現代人にとっては頭痛の種ともなっているわけであるが、一方ではその後の音楽史の発展をより興味深いものともした。また一方、ここに現れる「ロンガ」、「ブレヴィス」、「テンプス」という三つの用語が十三世紀以後、記譜法において特別な意味で用いられるようになったのも、偶然とは思われない。

きわめて具体的な説明

それはさておき、レオニヌスやペロティヌスのように、修辞学を含む自由七科を習得し、マギステルの称号を持っていた者にとっては、アウグスティヌスの韻律論などはごく基本的な常識であったはずである。となると音符の長短を何とか表示できないものかという話になった時に、まず最初にこの韻律論が頭に浮かんだということは至極自然なことであったのではなかろうか。

そこで次なる問題は、これら六種類のモードを、具体的に楽譜にどう表記するのか、ということになる。ここでもまた第四の無名者たちが、きわめて具体的な説明をわれわれに与えてくれる。

それによれば、音符の長短の区別は、リガトゥラを借用することによって示される。その際、原則としてリガトゥラの最後の音はロンガとなり、その前の音はブレヴィスとなる。

たとえば第一モードの場合は、まず最初に三音リガトゥラ（つまり三つの音が結合した形のリガトゥラ）を置き、続いて二音リガトゥラをオルドの数に従って並べる。この場合、三音リガトゥラは「長—短—長」を、二音リガトゥラは「短—長」を示す。第二モードの場合は、最初から「短—長」を示す二音リガトゥラの連続となる。これに対して第三、第四モードは共に三音リガトゥラの連続によって示されるが、第三のほうは冒頭に、「長」を示すヴィルガが置かれる。この場合の三音リガトゥラは、「短—短—長」を示す。

第五モードはヴィルガ、またはプンクトゥスの連続によって表示される。ただし現実には、部分的に三音リガトゥラが混在する場合もあるので、注意を要する。第六モードでは、四音リガトゥラに一連の三音リガトゥラが続く。この場合だけは、リガトゥラの最後の音も「短」となる。

以上のまとめを図2に示しておこう。いずれもオルドの数を三つとした場合の例である。またそれぞれの例を現代譜で表示してみたが、そうするに当たっては基準音価を♩.で示すこととした。

唯一の正しい解釈に到達するのはまず不可能さて、以上のような説明を基礎に、実際に『オルガヌム大全』の楽譜を読んでみることとしよう。その場合、ペロティヌスの作品にはこの説明がまさにぴたりと当たり、

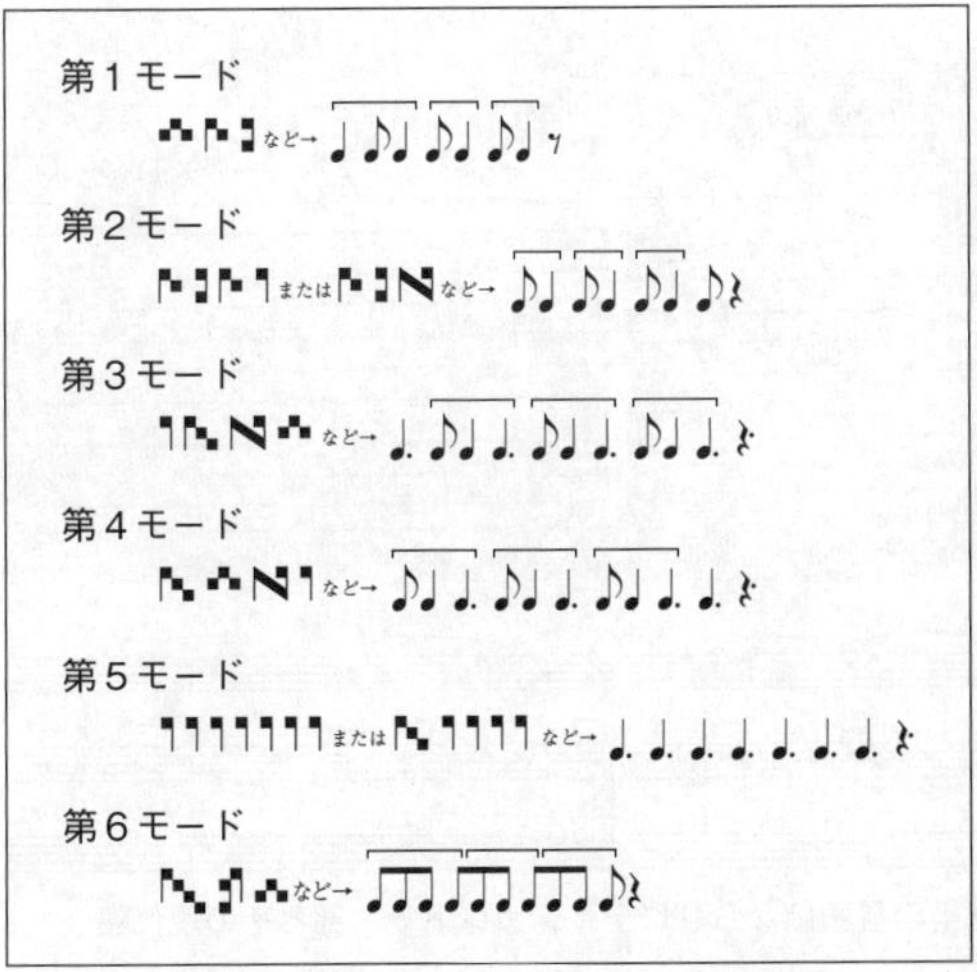

図2　ヴィルガ、プンクトゥス、リガトゥラの関係

慣れれば直接オリジナルの楽譜で歌うことも、さほどむずかしいことではなくなる（譜例1の一部を、現代譜つきで譜例2に示した）。しかしそれは当然のことかもしれない。第四の無名者の証言からもわかるように、ヨハネス・デ・ガルランディアがその著書を書いていた時点においても、ペロティヌスのオルガヌムはかれが住むパリにおいて、依然として歌われていたわけである。ヨハネス自身もしっかりとそれを自分の耳で聴いたに違いない。

ところがレオニヌス作と思われる二声のオルガヌムの場合は、そう簡単にはいかない（譜例3）。ディスカントゥス様式の部分はともかくとして、オルガヌム様式の部分となると不規則なリガトゥラの連続に出会って、首をかしげて

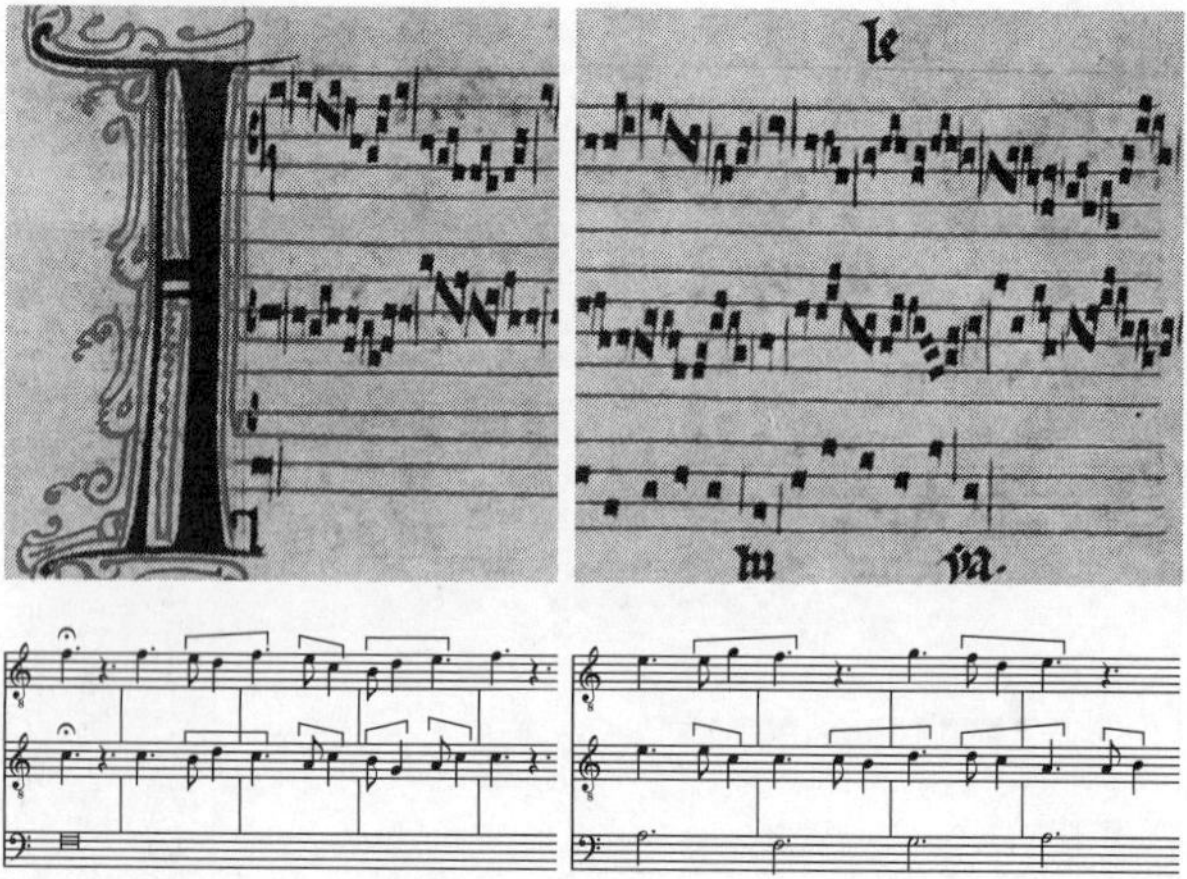

譜例２　譜例１の冒頭部ならびにディスカントゥス部とその現代譜

しまうことが少なくない。

それでもいろいろと工夫して、リズム・モードの規則になるべく忠実に従いながら、それを解読することは不可能ではない。ただし、唯一これこそ正しい解釈というものに到達するのはまず不可能である。事実、同じ作品を十人の学者が解読すると、十通りの現代譜ができる、とも言われているが、それが現実である。

それまでして、無理に解読するのは不自然である、と論じる学者も、最近は少なくない。かれらはとくにリズム・モードが明確と思われるディスカントゥスの部分だけを三分割のリズムで解釈し、残りはリズム不確定のままの形で現代譜を作成する。[16]

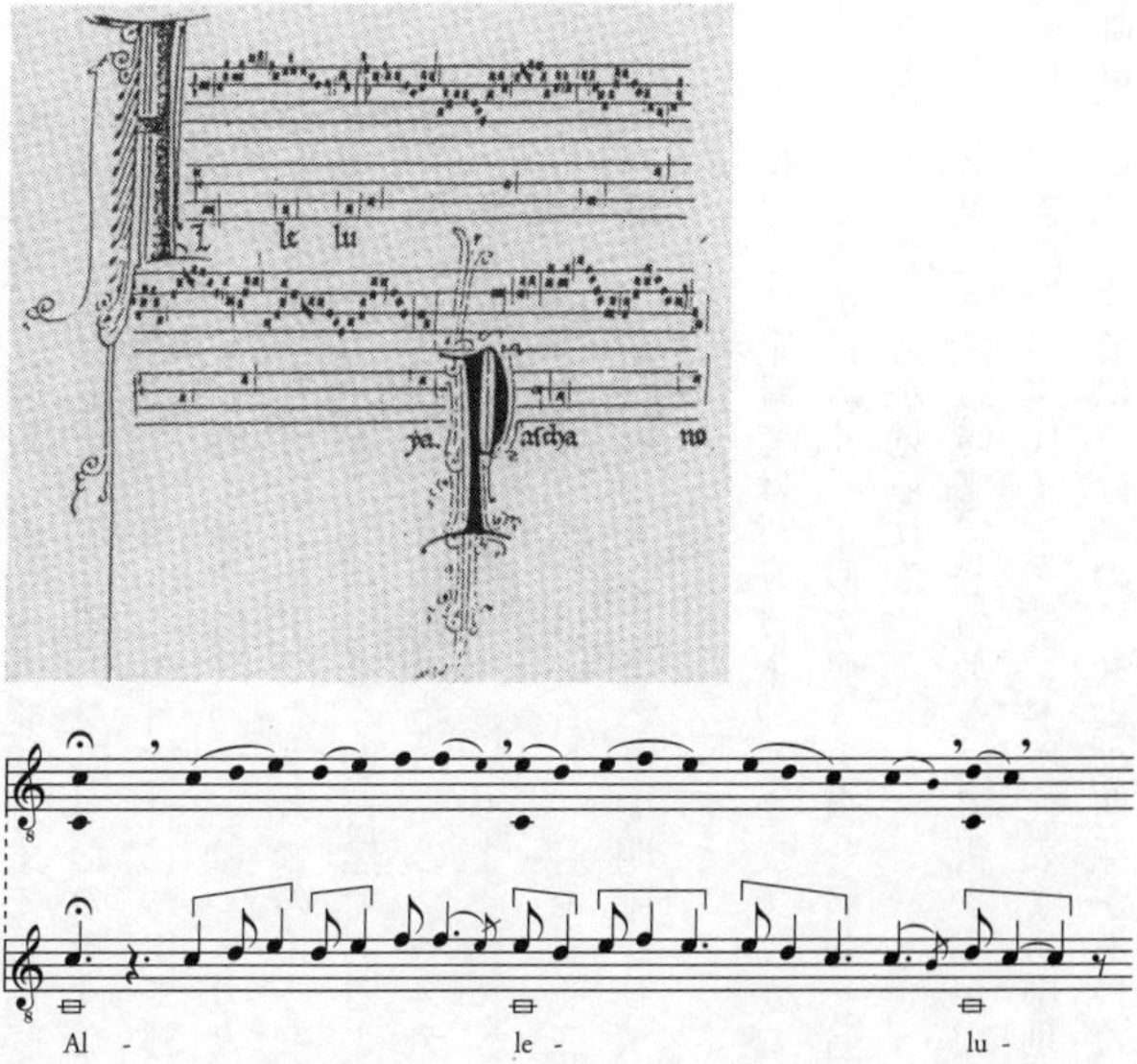

譜例3　レオニヌス作（？）のアレルヤ唱とその冒頭部分の現代譜（現代譜は自由なリズムによるものと、リズム・モードを応用した2通りを示した）〔▛はプリカという装飾付き音符〕

　レオニヌスがオルガニスタとして活躍したのは、考えてみればヨハネス・デ・ガルランディアの時代からさかのぼること半世紀以上も前の話である。当時急速に発達していたポリフォニーともなると、その間にさまざまな変化が起こったのはむしろ当然な話ではないだろうか。

　そういえば、レオニヌスのオルガヌムには、多分に即興的性格が残っている。察するにかれの時代には、リズム・モードの発想はすでにあったものの、その法則は未だ発展過程にあって、まだ確立はされていなかったのではなかろうか。

さらに振り返れば、すでにその可能性について述べたごとく、アキテーヌのポリフォニーにおいても、時と場合によって、はっきりとしたリズムで歌った例もあったのではなかろうか。とくにコンドゥクトゥスのような行列歌ともなると、歩行に合わせてかなり明確なリズムで歌ったほうが自然であるように思われる。

具体的な例として、すでに述べたパリのマギステル・アルベルトゥスの《共に喜べ、カトリック信者たちよ》（譜例4）を分析してみよう。この曲は二段の四線譜を用いて記譜されているが、下段には一音対一音で動く二つの声部が書き込まれている。これら二声部が、歩行のリズムに合わせて明確なリズムで歌われたことはまず間違いない。

これに対して上段では、リガトゥラを交えてかなり装飾的な動きを持った旋律が、オブリガート風に続く。下段の動きとは一音対一音のこともあるが、一音対五音まで、さまざまなケースが見られる。

これを現代譜において、どのように解釈するか、さまざまな学者がさまざまな提案を行ってきたが、現代イングランドを代表する中世音楽の権威アンセルム・ヒューズ師は、ここですでに三分割のリズムの萌芽があったのではないかと、提唱している。

①

②

譜例4　《共に喜べ、カトリック信者たちよ》（マギステル・アルベルトゥスの3声コンドゥクトゥス）①とA・ヒューズ師の解釈による現代譜②

事実この曲を実際に歌ってみると、ヒューズの解釈が行列歌としては最も納得のいくものであることに気づく。[17]

即興演奏かつ行列歌

このようにして実例を並べてみる時、ノートルダム楽派のポリフォニーの基礎となった三分割のリズムは、最初から理論的な発想で生まれたものではなく、実は十二世紀前半から世紀末にかけて、いつからとはなく試みられ、次第に発達し、最後に理論づけられたものなのではなかろうか。

ここで許されるものならば想像をたくましくして、三分割を基本とするノートルダム楽派のポリフォニーが、どのようにして生まれ、どのようにして発達し、どのようにして今日われわれが知るような形となったのかについて、仮説を立ててみたい。

オルガヌムの唱法は本来即興的な技術であった。九世紀後半から十一世紀末まで、数多くの理論書で論じられながらも、実際の楽譜はほとんど存在していないことがそれを証明している。『ウィンチェスターのトロープス集』もまた、そのような即興演奏を記録するという形で今日に伝えられたものに他ならない。

十二世紀初頭からアキテーヌ地方を中心に、自由オルガヌムの目覚ましい発展が見られるようになったというが、それはリモージュのサン・マルシャル修道院に、それを記録するのに熱心な修道士たちがいたためと、幸いにもその資料が無事今日まで伝えられたからに過ぎないのではあるまいか。

実際には巡礼街道などを通じて、即興演奏によるポリフォニーの技術は、ヨーロッパ各地に伝えられていた可能性もある。となるとそのように華やかな演奏技法が、パリに伝えられていなかったはずはない。

記録には残っていないものの、パリのノートルダム大聖堂においても、即興演奏によるポリフォニーはかなり早い段階で行われていたのではあるまいか。もしそうであるとするならば、そのような演奏を指導し、自分でも歌ったのが十二世紀前半から中頃にかけて活躍した二人の先唱者、マギステル・アダンとマギステル・アルベルトゥスであったはずである。

マギステル・アダンがアダン・ド・サン・ヴィクトールと同一人物であるとするならば、かれは音楽家であると共に、優れた詩人でもあったということになる。かれの作品としては、一連のプローザしか知られていないが、そのプローザも本来の散文詩から、よりリズムを取って歌うのにふさわしい韻文詩に変容してしまっている。

当時、行列歌がひとつの流行となっていたことを考えれば、記録には残ってはいないものの、詩人であり、先唱者であったアダンがコンドゥクトゥスを作詞作曲して、自分の聖歌隊に歌わせた可能性は十分あったように思われてならない。そしてやがてオルガヌムの即興的な唱法を応用して、二声部で歌ったこともあったかもしれない。アダンの後継者となったマギステル・アルベルトゥスは、確かにコンドゥクトゥスを作詞作曲し、それを三声部の作品として、『カリクスティヌス手写本』を通じて後世に残した。ちなみにかれの《共に喜べ、カトリック信者たちよ》は、知られる限り史上最古の三声のコンドゥクトゥスである。

この頃になると、ミサをはじめとする典礼においても、聖職者の行列がひとつの流行となる。コンドゥクトゥスばかりでなく、昇階唱やアレルヤ唱なども、行列しながら、独唱部はポリフォニーで歌われるようになった可能性が強い。世紀末の司教ユード・ド・シュリーの教令がそれを示している。

歩きながら歌うとなると、コンドゥクトゥスはもちろん、オルガヌムも歩行に合わせた明確なリズムで歌うことが好ましい。しかも歌っているうちに、三分割のリズムが、歌いながら歩くのにきわめて適していることに気づく。

楽譜に書き留めることを思いついた

一方二声のオルガヌムを歌うとなると、先唱者ひとりでは歌えない。対旋律、すなわちヴォクス・オルガナリスを歌うのが巧みな助手が必要であるところに理想的な助手が現れた。大聖堂の管理下にある左岸のサン・ブノア教会の運営を任されているマギステル・レオ、通称レオニヌスである。

レオニヌスは声も良かったし、即興で対旋律を歌うことにも巧みであった。しかもアルベルトゥスにとっては大聖堂の聖職者仲間としては後輩でもあるし、同じサン・ヴィクトール修道院の参事会会員としても同僚であった。しかも重職にありながら、進んでオルガヌムの歌唱に加わるばかりでなく、むしろそれに熱中している気配さえあった。

何度か一年を通してオルガヌムの歌唱に加わっているうちに、レオニヌスはそれを楽譜に書き留めることを思いついた。あるいはそれはマギステル・アルベルトゥスの提案によるものであったかもしれない。

いずれにしろレオニヌスは、自分が歌っている声部をどのようにして記録するかということを考えた末、かつて自由七科で学んだ詩文の長短格にヒントを得て、リズム・モードの概念を思いついた。

彼は自分が担当して歌った昇階唱、アレルヤ唱、応唱をまとめて『オルガヌム大全』を完成させた。ただしそれは今日残っているような形ではなかったかもしれないし、リズム・モードの表記もまだ実験的な段階であったかもしれない。

一一七七年頃にアルベルトゥスが他界した段階で、レオニヌスは歌い手の役目を退き、本来のかれの仕事に専念することとなった。かわりにオルガヌムの対旋律を歌う後継者として現れたのがペロティヌスであった、という可能性も十分考えられる。いずれにしろオルガヌムの歌唱は、若い世代に移ることとなる。

先唱者としてのアルベルトゥスの後任者のひとりに、ペトルスという名の聖職者がいたことも知られている。ただしこのペトルスはむしろ神学者として知られるようになり、一一九七年には他界している。かれが数々のディスカントゥスの作曲者マギステル・ペロティヌスであったという可能性は残っていないわけではない。しかし現時点での学者たちの考えは、その可能性はほとんどないものということになっている。

いずれにしろペロティヌスの主作品は、四声のオルガヌムを含めて、十二世紀末までには完成していた。そしてそれらの曲は、第四の無名者がパリに学んだ十三世紀後半において、依然として大聖堂で歌われ続けていた。

学者の中には、ペロティヌスの活躍がノートルダム大聖堂中心ではなく、当時国王の教区教会であったサン・ジェルマン・ロクセロワ教会を根拠地としていたのではないだろうか、という仮説を提唱した者もいる。[18] しかしその理由は、三声のオルガヌム様式による聖ジェルマンのための応唱が存在し、それがペロティヌスの作風に似ている、というだけの話である。

当時のパリの宗教界の事情を見れば、ひとりの聖職者がただひとつの教会に専属で奉仕していたという保証はまったくない。それはマギステル・アダンや、レオニヌスの例を見ても明らかである。とするならば、ペロティヌスがノートルダムに属しながら、国王の要請で聖ジェルマンのための応唱を手がけたという可能性も十分考えられる。

少なくともこのレパトリーが、パリ起源であったことは確かである。とするならばこのレパトリーを特定の教会に結びつけないで、「パリ楽派」と呼んでおいたほうが無難だ、と言えるのかもしれない。しかし「パリ楽派」という表現は、この明らかに教会を中心として歌われていたポリフォニーだけを指す用語としては、いささか大きすぎるようにも思える。

ノートルダム楽派と呼ぶのがふさわしい

私としては、司教ユード・ド・シュリーの証言などからも、レオニヌスやペロティヌスのオルガヌムが、主にパリの大聖堂で歌われたことは間違いないものと考える。そこでかれらを中心としたポリフォニー音楽を、ノートルダム楽派の名で呼ぶことには何ら抵抗を感じない。いや、むしろそれがふさわしいようにさえ思う。

いずれにしろ、ペロティヌスの作品において、三分割のリズムを基本とした新しいポリフォニーの基礎が固まったことは間違いのない事実である。しかもその様式が急速にヨーロッパ各地に伝えられていったことは、現存する資料の分散状況からも明ら

①

②

③

譜例５　レオニヌス作（？）のアレルヤ唱〔譜例３の続き〕①
その現代譜②
そのアレルヤ唱の上声部にもとづくモテトゥス声部③
モテトゥス声部を、オルガヌム（①）のリズムに従って解読した現代譜④

Gau - de - at de-vo - ci - o fi - de - li - um,

④

かである。

　ペロティヌスは、オルガヌムと同じ手法で多声のコンドゥクトゥスを残している。また作者不明ではあるが、かれの作風と一致する百五十曲を越すクラウズラも残っている。これらの作品は、いずれもノートルダム楽派独特の記譜法によって書き残されている。

　ところが十三世紀に入ると、クラウズラの対旋律に新たに歌詞を書き加えて歌う、という習慣が起こり、やがて定着した。最初に歌詞を書き加えられたのは、第一の対旋律であるドゥプルムである。そこでそれを改めて、「言葉付き」という意味で「モテトゥス」と呼ぶようになった。

「モテトゥス」という用語はやがて、そのようにして新しい歌詞を書き加えられたクラウズラ全体を指して呼ぶ言葉となった。その際モテトゥス（もとのドゥプルム）の声部は、歌詞のシラブルと音符の関係が一対一となる。そこでひとつ、大きな問題に直面することとなる。

　そもそもリガトゥラは、歌詞と同じシラブルで歌うのを示すために用いられた。それがノートルダム楽派の記譜法では、音符の長短を示す目的に借用されたわけであるが、元来の意味をまったく失ってしまったわけではない。

そこで今までリズムが明示されていたドゥプルムではあるが、各シラブルごとに歌詞を付けなければならない結果、リガトゥラを分解して、各音を独立したプンクトゥス、あるいはヴィルガで書き直さなければならなくなった。その結果、ドゥプルムのリズムの明示は不可能となったわけである。

ただし初期のモテトゥスの多くには、そのもととなったクラウズラ、ないしはオルガヌムのディスカントゥスの部分がわかっている場合がある。それを頼りに、モテトゥス声部がどのようなリズムで歌われていたかを見つけ出すことは、むずかしいことではない（譜例5）。

しかしそのようなやり方に限界があることは、目に見えている。モテトゥスをさらに発展させるためには、新しい楽譜の書き方を工夫する必要があった。そのような工夫は、十三世紀の中頃から考案され、長短の音符を異なる形で示すことで決着した。新しい方式では、長い音符をヴィルガ（■）で、短い音符をプンクトゥス（■）で示した。それによってまた、新しい音楽が生み出されることとなる。それを十四世紀の学者は、「アルス・アンティカ Ars antiqua（「古い技法」の意）」の名で呼んだのであった。

第五章　アルス・アンティカの歴史的位置

1　十三世紀のパリ

学問のメッカ

十三世紀を通じてパリは、ヨーロッパにおける知性の都としての名声と実力を、着実に確立していった。学問を志《こころざ》す若者たちが、イングランドから、ドイツから、そしてその他のヨーロッパ各地からやって来て、国際的な雰囲気を次第に高めていった。十二世紀末の段階で、いまだその大半がぶどう畑であった土地に、次々と建物が建って都市化が進んだ。そもそもパリがフランスの首都となったのは、カロリング王朝終焉に伴い、ユーグ・カペーが九八七年に国王に選ばれて以後のことであるが、ここを国王の定住の地と定めたのはカペー王朝五代目のルイ六世（在位一一〇八～三七）であった。

以後各世代のフランス国王は、パリの都市化に積極的に取り組むようになる。ルイ六世の孫にあたるフィリップ二世は、一一八〇年代に町の市場を大規模に建て替えさせ、主要道路や広場を舗装させた。さらに一一九〇年、第三回十字軍に参加するためにパリを離れるに当たっては、いざという時のために五キロに達する城壁を町の周囲に築かせた。この時右岸の西の端に建てられた砦《とりで》が、今日のルーヴル宮の起源に他ならない。

十三世紀に入ってルイ九世の時代になると、パリの都市化はますます進んだ。人口の増加に対応して、市場の拡張を行い、周辺の沼地を干拓して、世紀の中頃までには北側の城壁外にまで市街地が伸びるようになった。

一方セーヌ河の左岸は、比較的都市化が遅れてはいたものの、パリ大学の形成に伴い、それに関連するさまざまな施設や学者たちの住居が次第に増加した。そして一二五七年頃のソルボンヌ学寮の創設を皮切りに、数多くの学寮が建てられて、学問の根拠地としてのラテン地区をゆるぎないものとした。

こうして十四世紀ともなるとパリの人口は八万人に達し、中世ヨーロッパにおける代表的な大都市へと発達するが、その人口の四分の一までは実はパリ大学や修道院付属学校などに学ぶ学生たちであったといわれる。いかに当時この町が、学問を志す若者たちにとってあこがれのメッカであったかということが、この事実からも明らかであろう。

アリストテレス思想の導入

そのような、パリ大学を中心とした学問の世界に、新しい風が吹き始めたのは、十三世紀に入ってまだ間もない頃と推察される。その最大の要因となったのが、アリストテレス思想の導入であったことはまず間違いあるまい。

先に述べたように、アリストテレスの考え方は、すでに九世紀までにはアラブ世界には知られていた。ところがヨーロッパにおいては十二世紀末に至るまで、ギリシャ思想といえばボエティウスらを通じてのプラトンとその周辺が中心であって、アリストテレスの著作などは一部をのぞいてほとんど知られない存在であった。

それが十三世紀に入ると学者たちの目がアリストテレスにも向けられるようになるが、それも初めのうちはアラブの哲学者を通してであったことは実に興味深い。つまり十字軍の活動やイベリア半島における紛争によって、アラブ世界の音楽や楽器がヨーロッパに伝えられたのとほぼ同じルートを通って、アリストテレスもまた伝えられたのであった。

当初ヨーロッパにおいて、アリストテレスは警戒心をもって迎えられたらしい。たとえば一二一〇年に開かれたサンスの宗教会議では、神学においてアリストテレスを教えることを禁止している。また一二一五年にパリ大学において制定されたロベール・ド・クールソンの法令によれば、アリストテレスの倫理を教えるのは構わないが、物理や自然科学を教えるのはいけない、とされている。

しかし時代の流れを止めることはできなかった。十三世紀半ばまでにはアリストテレスの全著作がラテン語に訳され、一二五五年にはそれらすべてをパリ大学において教えても差し支えないという解禁令が出されるに至った。

とはいえ、ボエティウスを中心としたそれまでの伝統的な考え方は、依然としてゆるぎないものであって、主流の座を保ち続けていた。ただし大切なことは、それまでプラトン一筋であった学者たちの目が多元的となったことである。従来の伝統にとらわれず、新しい発想を生み出していく可能性が、そこに秘められていたものと思われる。

十三世紀パリの音楽構図

ポリフォニー音楽の分野では、一二〇〇年の時点で、オルガヌムがその二百五十年にわたる歴史の最終段階を迎えていた。ペロティヌスの四声のオルガヌムが、この年までに作曲されていたということは、当時の記録からもまず間違いないし、それに続く作品はオルガヌムの分野においては、知られる限りにおいて存在しないからである。

ペロティヌスのオルガヌムは、第四の無名者の証言からも確認されるように、十三世紀後半のパリにおいてなお歌われていた。そしておそらくそれ以後も歌われ続けていたことだろう。だがそればかりではない。レオニヌスやペロティヌスの作品は何度となく書き写されて、ヨーロッパの各地へと伝えられていった。

現在そのような楽譜の写しがドイツ、イタリア、スペインなどに残っていることがそのような歴史を物語っている。しかもそのうちの一冊は、遠く北の果てスコットランドにある聖アンドルーズ修道院において書き写されたことまでもわかっている。

一方、十三世紀において引き続き作曲され、歴史的展開を示した曲種には、モテトゥスと多声コンドゥクトゥスがあった。いずれもとくにリズムの面で、時が経つにつれてより複雑な発展を遂げることとなる。それを記録に残すために、従来のノートルダム楽派の記譜法に頼ることには、明らかに限界があった。

モテトゥスがどのような背景から、誰によって生み出され、育まれていったのかは、未だに謎のままである。しかし考えてみるならば、既存の旋律に新たな歌詞を書き加えるという発想自体は、九世紀以来の伝統を持つトロープスと、根本的には同じとも言える。

やがて三声や四声のモテトゥスが盛んに作曲されるようになるが、その場合、付け加えられた対旋律のそれぞれには、ひとつずつ異なる歌詞が付けられることとなる。つまり、複数の異なる歌詞を同時に歌うわけである。それは今日の聴衆にとっては、まったく解せない、不可解なこととも思われよう。

試しに二、三人で、異なる歌詞の旋律を同時に歌ってみるとよい。それぞれの歌い手は自分が歌っている言葉をはっきり認識しているかもしれないが、まわりで聴いていると、何を歌っているのやら、さっぱりわからない。これはおかしい、と思うかもしれない。しかしそれは、演奏を人に聴かせることを前提としているから、おかしいのである。

実はこの時代のモテトゥスは、人に聴かせるためではなく、自分たちで歌って楽しむためだけに作られたものだったと考えれば、疑問はたちどころに解決する。つまりそれぞれの歌詞は、それぞれの歌い手が理解して歌えば、それでこと足りたわけである。

考えてみれば、複数の歌詞を同時に歌うため、聴き手には歌詞の内容がどうしても聴き取れない、というのは必ずしも欠点とばかりは言えない。異なる言葉を同時に歌った結果、何を歌っているのだかわからないということは、時として利点となる。それに関しては、改めて説明することとしよう。

世俗化したモテトゥスと典礼に留まったオルガヌム

ところで初期のモテトゥスにおいては、新しい歌詞はラテン語で書かれ、しかもその内容も、作曲の素材として取り上げられた定旋律の内容を解説、ないしは展開するようなものであった。その段階においては、これらモテトゥスの作者が教会、修道院、またはそれらの付属学校に属する聖職者や神学生であったという可能性はきわめて高い。

しかし、もともと大聖堂や修道院などの付属学校に所属していた学者や学生たちが巷《ちまた》に溢《あふ》れ出ていった結果、パリ大学が形成されるに至ったのとちょうど同じように、モテトゥスなどのポリフォニー音楽もまた、オルガヌムのような純粋な典礼音楽を除いて、教会の外部へと伝えられ、新しい発展を遂げることとなったのではあるまいか。そもそも現存する素材に基づいて、与えられた旋律に新たな詩句を付けるというモテトゥスのような作品は、パリ大学に学ぶ若者のような知識人にとっては、恰好《かっこう》の創作の場となったのではあるまいか。すなわちそれは一種の知的な訓練、さらには余暇の楽しみともなったわけである。

このように考える時、その後十三世紀を通じてモテトゥスが次第に世俗化の傾向をたどったことにも十分説明がつく。これに対してオルガヌムは典礼音楽として教会内部に留まったため、ペロティヌスにおいて頂点を極めた以上、さらに発展する機会もなければ、その必要もなかったのである。

初期のモテトゥスにおいては、テノル声部が歌う聖歌の断片、つまり定旋律の意味を踏まえた上で、その意味をより深く発展させるような詩句をラテン語で、対旋律に付け加えた。しかしやがてそれらの詩句は、次第に定旋律の内容から離れ、さらにはそれらを無視して作られるようになっていく。

その結果、詩句の内容が次第に世俗的になっていったのは、至極《しごく》当然のなりゆきであったわけである。そうなればそれは何もラテン語である必要もない。巷で一般に用いられているフランス語を用いても一向に構わない。

さらに頭を働かせて、巷で歌われている俗謡の一節を、対旋律の一部に取り込む、などということもやってみるとますます興味は尽きない。そして最終的には、モテトゥスを作曲する際の出発点である定旋律に、聖歌を用いる代わりに、俗謡を引用したり、新しく作られた旋律を用いる、などという例が現れるようになる。つまりモテトゥスの世俗化はそこにおいて完璧となったわけである。

ところで忘れてならないのは、当時のパリにおける世俗音楽のひとつに、代表的な中世歌曲であるトルヴェールのシャンソン(歌)が存在していたことである。そしてその根拠地は、他ならぬフランス国王の王宮であった。

2　トルヴェールの伝統とポリフォニー

エレアノールはポワティエの宮廷を引き連れて、パリにやって来た

十二世紀のパリの中心がシテ島であったことはすでに述べた通りである。そのシテ

島の東側に陣取っていたのがノートルダム大聖堂である。それに対して島の西側を占めていたのは王宮である。それは現在の最高裁判所が立っている位置に他ならない。

パリに王宮を構えて定住した最初の国王はルイ六世であった。かれはまたポワティエに君臨するアキテーヌ公ギエム（ギヨーム）十世とも親しい仲であった。公は、最初期のトルバドゥールの代表として知られ、第一回十字軍の勇士としてもその名を馳せたギエム九世の息子にあたる。

ギエム十世自身は歌人ではなかったが、父の遺志を継いで歌人たちを手厚く保護していたことでも知られている。ところがかれには男の世継ぎがなかった。そこで死の直前に、跡継ぎとなる娘のエレアノール・ダキテーヌのことを、ルイ六世に託した。ルイ六世はすぐさまエレアノールを、自分の跡取りであるルイ七世の嫁に迎えるように計らってしまった。時に花婿十七歳、花嫁十五歳、一一三七年のことである。若い花嫁はポワティエの宮廷を引き連れて、パリにやって来た。その中にはベルナルド・ド・ヴェンタドルンをはじめとするトルバドゥールたちも含まれていた。

エレアノールがパリに嫁いだことがきっかけとなって、トルバドゥールの芸術が北に伝わり、トルヴェールが起こったとする説は、今日では否定されている。ただし彼女が南から連れてきた歌人たちが刺激となって、北のトルヴェールたちの発展を大いに刺激した可能性は十分に考えられる。

結婚した年に父の急死によって国王となったルイ七世（在位一一三七〜八〇）は、それからちょうど十年後の一一四七年に第二回十字軍を率いて聖地へ向かった際、エレアノールを連れていった。その旅先で起こった彼女の醜聞《しゅうぶん》は語り草となったが、果たしてどこまでが事実なのかはわかっていない。

いずれにしろその後夫婦の不仲はつのり、跡継ぎの男の子がなかなか生まれないということも動機となって、ついに一一五二年には離婚の道をたどることとなる。とはいえそこは厳格なカトリックの世界のことである。二人の間に血のつながりがあったということを口実に、もともとこの結婚は存在しなかったものとみなしてしまったのである。

ところが行動派のエレアノールは即刻再婚してしまう。相手はノルマンディー公アンリであった。アンリの母方の祖父は、イングランド国王ヘンリー一世である。その関係からかれ自身も一一五四年にはヘンリー二世としてイングランドの王位を継ぐこととなる。しかもエレアノールとの間に次々と五人の王子たちを生む。ルイ七世にとっては強烈なしっぺ返しであった。

エレアノールの移動によって、歌人たちの活動もイングランドの宮廷に移ってしまったのかというと、そうでもない。もっとも彼女の二男はトルヴェールとしても知られるリチャード獅子心王、のちの国王リチャード一世（在位一一八九〜九九）である。

またリチャードときわめて親しい間柄にあったといわれるブロンデル・ド・ネルも、代表的なトルヴェールのひとりであった。

騎士階級から商人階級へと

エレアノールが去ったからといって、歌曲の伝統がパリの王宮から消えてしまったわけではなかった。コノン・ド・ベチューヌをはじめ、数多くのトルヴェールたちがフランス王宮に出入りしていた可能性は高い。またトルヴェールの代表的な歌曲集として知られるいわゆる『国王の曲集』（パリ国立図書館蔵 Ms. fr. 844）が、ルイ九世（在位一二二六～七〇）の弟、シャルル・ダンジューのために書き写されたことも、わかっている。

そもそもトルバドゥールや初期のトルヴェールの場合、その大部分は十字軍の指導者または騎士たちであった。一方代々のフランス国王は、十字軍の指導者として活躍している。ルイ七世の後を継いだフィリップ二世（在位一一八〇～一二二三）は、リチャード獅子心王および神聖ローマ皇帝フリードリヒ赤ひげ王（バルバロッサ）と手を結んで第三回十字軍を指導し、ある程度の成果を挙げた。

しかしそれ以後の十字軍はいずれも失敗、内紛、挫折を繰り返すようになる。フィリップ二世の子、ルイ八世（在位一二二三～二六）は皇太子時代からアルビジョワ十字軍の勇士としてその名を高め、「獅子のルイ」というあだ名でよばれるほどになったが、一方ではそれによって、南部の騎士道の衰退を早め、トルバドゥールの終焉《しゅうえん》に一役買うこととなった。

ルイ九世は二度にわたって十字軍を率いて聖地に向かったものの、いずれも失敗に終わっている。しかしローマ教皇はかれの努力を高く評価して、死後かれを聖人の位に列している。いずれにせよ十三世紀に入ってからは騎士道自体が次第に衰退の道をたどっていくこととなる。

騎士階級にかわって実力を発揮するようになったのは商人階級である。とくに北フランスからフランドルにかけての商業都市の発展がめざましく、トルヴェールの担い手も、騎士たちから裕福な商人、あるいは聖職者たちへと受け継がれていくこととなる。

それらの商業都市のなかでも、とくにトルヴェールの活動が盛んに見られたのは、毛織物の生産と交易で富み栄えるようになったアラースの町である。十三世紀を通じてこの町で生まれ、活躍したトルヴェールの数は、百数十人にまでも達すると言われている。

その中にはアンドリュー・コントルディのように、おそらくフランス宮廷にも出入りしていたと思われる騎士も含まれるが、大部分は商人階級のブルジョワ歌人、あるいは聖職者であった。そしてその中にはパリ大学に学んだ者も少なくはなかったはずである。

アダン・ド・ラ・アルの《恋人を神に託して》

そのようなアラース出身の代表的な歌人のひとりがアダン・ド・ラ・アル Adam de la Halle であった。かれは十三世紀の半ばに生まれ、パリ大学に学び、のちアルトワ伯ロベール二世に仕えてイタリアに渡った。かれが死んだのは一二八八年ナポリにおいてであったという証言もあるが、一方では一三〇六年にイングランドにいた可能性もあり、確かなことはわかっていない。

かれが残した歌曲の多くは、従来通りの単旋律の作品であるが、中に三声のロンドーが十六曲含まれている。すなわちかれは知られている限りにおいて、世俗歌曲をポリフォニーで作曲した最初の作曲家である。それらのロンドーが様式的には、モテトゥスよりも多声のコンドゥクトゥスに近いということも、注目に価する。[1]

かれはまた少なくとも五曲のモテトゥスを残している。それはかれが学生時代に、パリで習得したものであることはまず間違いない。一方かれの歌曲の旋律は、しばしばモテトゥスの対旋律に引用されている。

かれのモテトゥスには、かれ自身の歌曲からの引用を含むものもある。なかでも興味深い例に《愛を賛美する者もいるが／恋人を神に託して／汝が上に》がある。ここで紹介しておこう。[2]

この三声のモテトゥスのテノル声部、すなわち基礎的役割を持つ声部には、通例通り定旋律が置かれている。それには《汝が上に Super te》と、ラテン語の歌詞の断片が付されており、どうやら聖歌の引用のようでもあるが、どの聖歌から取られたものであるか、どのような内容であるかは、今もってわかっていない。

第二の声部であるドゥプルムは、かれ自身によるロンドー《恋人を神に託して A Dieu commant amouretes》からの引用で始まる。ちなみに原曲のロンドーの歌詞は、次のようなものである。[3]

恋人を神に託して
わたしは去って行く、
涙のうちに、遠い国へと。

優しい人との別れは悲しく、
嘆きは大きい。
恋人を神に託して

わたしは去って行く。
わたしが王様だったら、
女王にしてやろう。
何が心残りであろうとも。

恋人を神に託して
わたしは去って行く、
涙のうちに、遠い国へと。

これに対して、モテトゥスの第二声部では、恋人との別れをさらに現実的に、しかも感情を込めて、次のように描写している。

恋人を神に託して
わたしは去って行く、
優しい人との別れは悲しいが、
静かにアルトワの地を離れて、

何も言わず、打ちひしがれて。
この町の市民は
あまりにも不当な生活を送らされたので、
法廷も、法律も、権力も失ってしまった。
有名な馬上槍試合も、
領主様や、王様や、裁判官や、司教様が、
何度となく中止してしまった。
かつては大勢の人を集めて、
アラースと競ったものだったのに、
友達も、家も、馬具一式も捨てて、
ひとり、ふたり、三人と、
ため息をつきながら遠い国へと去って行く。

これは権力者に対するあからさまな批判以外の何ものでもない。しかもそれは痛烈、かつ具体的である。このようなものを人前で、堂々と歌うことが、実際にできたのであろうか。
ここで、歌っている者にはその意味がはっきりとわかるが、傍らで聴いている者には何を歌っているのやら、よくわからないというモテトゥスの特徴が、生かされているように思えてならない。

ポリフォニー様式とトルヴェールの伝統の見事な融合

実はこのような例は決してこれ一曲に限ったものではない。十三世紀を通じて、とくに世紀の終わりに近付くにつれて、このような権力批判や、社会風刺が一般的な風潮となり、そのひとつの手段としてモテトゥスが好んで用いられるようになった傾向が見られるように思う。しかしこれに関しては筆者自身、いまだ十分研究したわけでもないので、将来の問題として残しておくこととしよう。

それにしても聞き手に悟《さと》られずに、権力批判を堂々と歌いまくるなどということは、いかにも血気に溢れたパリ大学の学生あたりが喜んでやりそうなことなのではないだろうか。そのような痛烈な批判の声をカモフラージュするかのように、アダンのモテトゥスの第三声部にあたるトリプルムでは、次のように《愛を賛美する者もいるが Aucun se sont loé d'amours》と、恋の悩みがいささか理屈っぽく歌いあげられている。

愛を賛美する者もいるが、
わたしは愛を非難するほかはない。

いまだかつて一日として
愛が誠実だと思ったことはない。
最初わたしは誠実でありさえすれば
恋人を見付けることができると思ったが、
それでは長いこと待たねばならぬとわかった。
わたしが愛すれば愛するほど、
胸の痛みは激しくなる。
わたしが愛した人は
わたしがほっとするような悲しみも
見せようとはしないし、
感謝の気持ちを示そうともせず、
極力巧みにわたしを避けようとする。
彼女を忘れることができるようになるまで
わたしをさんざんに悩ませたが、
今やわたしには十分良くわかった、
愛を求める誠実な男は負け犬であることを。
わたしの考えでは、決してこの道に迷い込んではならぬ、最後まで喜んで仕える気がない限り。

こうしてアダン・ド・ラ・アルの作品において、オルガヌムからモテトゥスや多声コンドゥクトゥスへと伝えられたポリフォニー音楽の様式と、中世歌曲を代表するトルヴェールの伝統とが、見事に融合したこととなる。そしてそのような展開は、パリ大学を根拠地として活躍した知識階級の仲介なしには起こらなかったように、筆者には思われる。

すなわち十三世紀に入ってポリフォニー音楽は、次第にノートルダム楽派の領域からはみ出し、教会の外に出て、当時としては最高の教育機関にかかわりのある学者や学生たちの手に移っていったのではあるまいか。

ノートルダム楽派の音楽は基本的に典礼を中心とした教会音楽であった。その範《はん》疇《ちゆう》に、初期のモテトゥスや多声コンドゥクトゥスを含めることには異存はない。しかし一二二〇年代以後のポリフォニーには、そのような教会音楽とは明確に一線を画すような性格が認められるように思われる。もっともその境界線をどこに引くかは至難の業である。

察するに、オルガヌムの発展は、教会内の出来事であった。それに付け加えるクラウズラや初期のモテトゥスの発生も、教会、あるいはその付属学校の範囲内で起こった可能性は十分ある。

しかしその次の段階となると、もはや教会の専有物に留まっているわけにはいかなくなったのではあるまいか。となると次なる担い手は修道院学校に学ぶ修道士、さらにはパリ大学の学者や学生たち、ということになる。

コンドゥクトゥスに関しては、未だ十分研究しつくされてはいないので、断定するわけにはいかないが、これまた教会ばかりでなく、その外部でも盛んに歌われていた可能性は強い。それが証拠に、多声コンドゥクトゥスの中にも、世俗的な性格を持っている例が知られている。

医学校にある『モンペリエ手写譜』

これらの新しいポリフォニーのレパトリーを含む手書きの楽譜の数は、決して多くはない。しかしそれらの資料がヨーロッパのさまざまな地域に散在し、さまざまの異なる歴史を持っているらしいということは、これらの作品がかなり広範囲の人々の手によって育まれ、伝えられた可能性を暗示している。[4]

それらの資料のうちで、とくに有名な例にいわゆる『モンペリエ手写譜』（モンペリエ大学医学部蔵 Ms. H196）がある。この楽譜が、中世以来代表的な医学の学府として知られる大学の医学部に保管されているということ自体、きわめて興味深い。

モンペリエにはすでに一〇〇〇年に医学校が存在していたという。南イタリアのサレルノ医科大学とともに、中世以来の伝統を誇る医学の学府である。またモンペリエでは中世を通じて他にもさまざまな学校が活動し始めていたことが知られている。一二八九年にこの医学校は、法律学校および自由学芸の学校と合併して、正式にモンペリエ大学として発足している。そのお墨付きを与えたのは、他ならぬ当時の教皇ニコラウス四世であった。

問題の楽譜は一七二一年の段階で、ディジョン出身の個人の所有物であった。その後、二、三の手を経たあとで、モンペリエ大学の教師の目にとまり、一八〇四年に正式に大学の所有となったという。内容を分析した結果、この楽譜がパリで成立したものと推定する学者もいるが、決め手に欠ける。

修道院起源の『ラス・ウエルガス手写譜』と『バンベルク手写譜』

第二の資料『ラス・ウエルガス手写譜』は、北スペインのブルゴスにあるシトー会のラス・ウエルガス修道院に、中世以来保管されてきた。しかもこの修道院で書き写されたものであることはほぼ間違いない。

この修道院は、カスティーリャの国王アルフォンソ八世（在位一一五八〜一二一四）が一一八七年に、王立修道院として創立したものである。それは王家の墓所を念頭においてのことであったとも言われる。十三世紀に入って賢王アルフォンソ十世（在位一二五二〜八四）の時代に、この修道院は文芸を含めての学問の中心地ともなった。

アルフォンソ十世といえば音楽にも特別の興味を持ち、サラマンカ大学に音楽教授職を創設したことでも知られている。またかれが『聖母マリアのカンティーガ集』の名で知られる宗教的世俗歌曲集の編纂《へんさん》に深く関わっていたことも、周知のところである。

そのように音楽を愛したアルフォンソ十世が、当時時代の先端を進んでいたパリの音楽事情にことさら興味を持ったことは容易に想像がつく。となれば、新しいパリのレパトリーが修道院関係者の手によって、いちはやくラス・ウエルガスにも伝えられた可能性は大きい。このようにこの『ラス・ウエルガス手写譜』には、修道院ばかりではなく、宮廷の香りも感じられるのである。

第三の資料『バンベルク手写譜』（バンベルク国立図書館蔵 Ms. Lit. 115［旧 Ed. IV. 6］）の起源に関しては、なにひとつわかっていない。その特徴から、ライン川中流地域で十三世紀末に書き写された可能性が濃い、というのが学者たちの一般的な推測である。

それが事実ならば、その起源の地として最も可能性が高いのが、当時この地域における最大の学問の中心地であったケルンである。しかもそのケルンのエルサレム聖ヨハネ騎士団においては、アルス・アンティカの代表的存在として知られるケルンのフランコが活躍中であったはずである。

この手写譜は、長年バンベルク大聖堂に保管されていたものを、のちに国立図書館に移管したものである。それ以外の歴史についてはまったく知られていないが、おそらくは教会関係者の手を経て、今日に伝えられたものであろう。

リエージュ起源の『トリノ手写譜』と侯爵家所有だった『ラ・クライェット手写譜』の新しい記譜法

第四の資料『トリノ手写譜』（トリノ王立図書館蔵 Ms. Vari 42）は、今では北イタリアにあるものの、もともとはリエージュの聖ジャック修道院の蔵書に含まれていたもので、一六六七年の時点でなおその修道院にあったことが確認されている。

現在のベルギー東部の中心地であるリエージュは、中世を通じて大聖堂付属の聖歌隊学校や、聖トロン大修道院をはじめとする修道院付属学校の音楽教育がきわめて優れていたことで知られている。

その結果この地域からは、数多くの音楽家や音楽理論家が輩出している。中でも有名なのは十四世紀を代表する理論家のひとりジャック・ド・リエージュであるが、アルス・アンティカに関する著述を残したマギステル・ランベルトゥスや、ケルンのフランコが一時この地域で活躍していたとする説もある。

そうであるならば、この地域でモテトゥスを中心としたレパトリーを含む曲集が成立したことはごく自然と言ってよい。いずれにしろ『トリノ手写譜』がリエージュまたはその周辺の修道院で書き写されたことは、まず間違いあるまい。

第五の資料『ラ・クライエット（ラ・クラジェット）手写譜』は、パリまたはその周辺の起源と考えられ、今日ではパリの国立図書館に Ms. n. a. fr. 13521 として保管されているが、もともとは南ブルゴーニュのマコンに近いラ・クライエットの領主、クロード・アレクシス・ド・ノブレ侯爵の所有であったものである。

しかもこの楽譜は、十四世紀以来侯爵家によって保管されてきた可能性が強い。侯爵家の祖先を徹底的に調べてみれば、一三〇〇年前後にパリ大学に学んだ、音楽好きな貴族の名が特定できるのかもしれない。

このように、この時代の資料は多種多様であるが、そこに含まれている音楽の内容は、意外と似通っている。レパトリーは新しいモテトゥスや多声コンドゥクトゥスが中心となっており、楽譜の記し方には、従来のノートルダム楽派による、韻律法とリガトゥラに頼った方法とはまったく異なる記譜法が用いられている。

その新しい記譜法を何と呼ぶべきか。見渡したところ、「アルス・アンティカの記譜法」という言葉しか、他には見当たらないので、ここではそのように呼んで、話を先に進めることとしよう。

3　アルス・アンティカ

個々の独立した音符を見ただけでその長短がわかるようにする

アルス・アンティカの記譜法の基本は、きわめて単純である。すなわちそれは、異なる長さの音符は、異なる形で示す、というものであった。すなわちノートルダム楽派のように、リガトゥラの組み合わせによって長短を判別するのではなく、個々の独立した音符を見ただけでその長短がわかるようにするという、いとも明快な方法である。[5]

長い音符はロンガ（■）、短い音符はブレヴィス（■）と呼ばれた。文字通りラテン語でロンガは「長い」、ブレヴィスは「短い」を意味する。ただしそれらの音符の関係が、基本的には三分割であるという原則はまだ生きていた。したがってそれぞれの音符の長さは固定されたものではなかった。

これら長短二種類の音符は、すでにヨハネス・デ・ガルランディアの『計量音楽論』において、具体的に説明されている。さらにかれはロンガよりも長いドゥプレクス・ロンガ（■）と、ブレヴィスよりも短いセミブレヴィス（◆）についても言及している。しかしそれらの説明は短いもので、とうてい十分とはいえない。かれはまた、リガトゥラの使い方をも説明しているが、それはまだノートルダム楽派の用法を抜け切ったとは言えないような性格のものである。さらにかれは縦線の長さによって休止の長短を示すことをも提唱している。

ロンガとブレヴィスの関係を、より明快に説明したのは、一二七〇年前後に『音楽論』を著し、「偽アリストテレス」の異名でも知られるマギステル・ランベルトゥスであった[6]。かれは基本的な音の長さの単位を「テンプス」の名で呼んだ。それはすなわちタクトゥス、つまり「拍」にあたる。したがって現代譜に書き換える場合には、四分音符（♩）で表記するのが適当な長さである。

本来のブレヴィスはちょうどテンプスの長さに等しい。またロンガの前に置かれたロンガは、テンプス三つ分にあたる。それが完全なロンガである。ところがロンガにブレヴィスが付け加えられると、そのロンガはテンプス二つ分になってしまう。二つの完全なロンガの間に、二つのブレヴィスが置かれた場合、最初のブレヴィスはテンプス一つ分に当たるが、二番目のブレヴィスはテンプス二つ分となる。前者を「レクタ・ブレヴィス recta brevis（本来のブレヴィス）」と、また後者を「アルテラ・ブレヴィス altera brevis（二倍のブレヴィス）」と呼ぶ。

セミブレヴィスは単独では用いず、二個または三個一組で用いる。すなわちブレヴィスを二個、または三個に分割するわけである。ただし二個に分けた場合は不平等であるが、三個の場合は平等に分割することができる。この説明は暗に、ブレヴィスとセミブレヴィスの関係もまた三分割を基本としていたことを暗示している。

「フランコ式記譜法」

ランベルトゥスもまた、リガトゥラや長短の休止に関して論じているが、その説明はヨハネス・デ・ガルランディアのそれと微妙にずれているし、いまひとつ明確さを欠く。しかしそれはおそらく、当時の記譜法がいまだ完成されたものではなく、刻一刻変化を遂げていた結果なのではなかろうか。事実当時の楽譜を見てみると、さまざまな発展過程の書き方が見られて興味深いが、それだけにまたさまざまな問題に行きあたる。

十三世紀後期の理論書の中で、時の記譜法を最も明瞭に、かつ具体的に論じたのがケルンのフランコ Franco de Colonia による『計量歌唱法 Ars cantus mensurabilis』である。著者のフランコに関しては、過去においてさまざまな説が飛び交い、いまだもってその人物像に関しては謎に包まれたままである。[7] 理論書の成立年代としては、一二八〇年頃という見方がほぼ定着している。

一時は二人のフランコが存在したのではないかという説まであったが、今日ではそれは否定されている。ほぼ確かなことは、ケルンのエルサレム聖ヨハネ騎士団に属する教師であり、教皇礼拝堂付属の司祭であったらしいということだけである。また十三世紀中頃のパリの音楽事情に精通し、マギステルの称号を持っていることから、おそらく青年時代にパリ大学に学んだのではないかとも推察されている。

フランコによる記譜法の説明はきわめて明確で、しかもそれに従って書き記された楽譜の実例も少なくはない。さらにそれには、後年のさまざまな記譜法にそのまま応用されることとなる特徴も含まれている。そこで一般にも「フランコ式記譜法」という用語が使われるようにもなっている。

アルス・アンティカのポリフォニーの発展の歴史をたどる場合にも、フランコ式記譜法の特徴がはっきりと認められるか否かで、前期と後期に分けて考察する学者も少なくない。

フランコの説明は、おおむねランベルトゥスのそれと一致するが、細部にわたって明確な定義を試み、それを実例によって例証しているところに、かれの理論書が高く評価される根拠がある。

たとえばかれによれば、ロンガには三種類、ブレヴィスとセミブレヴィスにはそれぞれ二種類の変種があり、そのそれぞれに固有の名称が与えられ、長さが規定されている。

すなわちロンガには次の三種類がある。

ドゥプレクス・ロンガ	Duplex longa	テンプス六つ分	𝆶（𝅝）
ロンガ・ペルフェクタ（完全）	Longa perfecta	テンプス三つ分	𝆷（𝅗𝅥.）
ロンガ・インペルフェクタ（不完全）	Longa imperfecta	テンプス二つ分	𝆷（𝅗𝅥）

ブレヴィスには、次の二種類がある。

レクタ・ブレヴィス	Recta brevis	テンプス一つ分	■（♩）
アルテラ・ブレヴィス	Altera brevis	テンプス二つ分	■（𝅗𝅥）

セミブレヴィスは、次の二種類である。

セミブレヴィス・マヨル	Semibrevis major	テンプスの⅔	◆（♩×⅔）
セミブレヴィス・ミノル	Semibrevis minor	テンプスの⅓	◆（♩×⅓）

どのような場合にロンガが不完全となり、どのような場合にアルテラ・ブレヴィスが用いられるかという説明は、ランベルトゥスのそれとまったく変わらない。ただしフランコは、まったく同様な関係がブレヴィスとセミブレヴィスの間にも存在すると証言している。すなわちブレヴィスの次にセミブレヴィスが続く場合は、ブレヴィスはアルテラとなる。またブレヴィスが二つのセミブレヴィスに分割される場合は、前のセミブレヴィスがミノル、後のそれがマヨルとなるわけである。

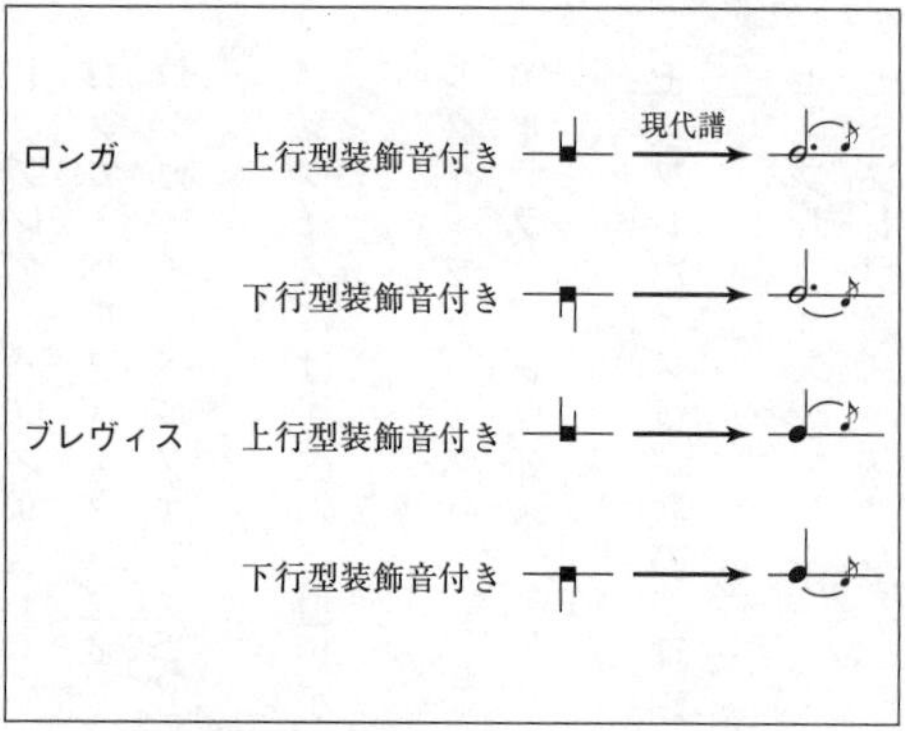

譜例1　プリカの種類

新しいリガトゥラの用法

次にフランコは、装飾を伴う音符であるプリカに関して、実例付きで解説している。プリカにはロンガとブレヴィスの二種類があるが、そのそれぞれに装飾音が上行型の場合と、下行型の場合があり、合わせて基本型は四通りとなる（譜例1）。

フランコはまた、リガトゥラの用法に関しても、数多くの実例を挙げながら説明している。その内容はきわめて複雑なので、ここでの説明は省略させていただく。ただひとつ明らかなことは、ここにおいて初めてノートルダム楽派によるリガトゥラの用法から完全に抜け出して、新しい用法を確立したということである。

つまり単独のリガトゥラを一目見ただけで、そこに含まれる音符のどれがロンガで、どれがブレヴィスであるかが判定できるような規則を規定したわけである。それは一連のリガトゥラの前後関係によって、音の長短を判断するノートルダム楽派方式とは、根本的に異なるものであった。しかもまた、それ以後三百年以上にわたるリガトゥラの用法を決定づけたものでもあった。

この辺で実際に、具体的な例を見てみることとしよう。そうすればこれまで述べてきた規則について、実感をもって理解していただけることだろう。まず最初の例は『ラス・ウエルガス手写譜』から、二声のコンドゥクトゥス《天の称揚 Celeste preconium》の冒頭の一節である（譜例2―1）[8]。

この例においてはいずれの声部とも、基本的にロンガの後にブレヴィスが続くというパターンの連続である。すなわち長短長短という第一リズム・モードによっている。したがってこの場合、ランベルトゥスの規則によってロンガは不完全、つまりタクトゥス二つ分となる。

また、いずれの声部においても、四つ目、八つ目、そして最後のロンガの後に縦の短線が二本並んで現れるが、これは息継ぎの印である。現代風に言えば休止である。その長さは明示されていないが、前後の関係から、ここではいずれもタクトゥス一つ分と判断して良いだろう。

ブレヴィスがさらにセミブレヴィスに分割される例が、ここでは三回にわたって見られる。上の声部に現れる二つのリガトゥラには、左端に上向きの縦線が付けられているが、それはそれに続くリガトゥラの音符がセミブレヴィスであることを示している。

上下二つの声部とも、最後のロンガのすぐ前のブレヴィスはいずれも三つのセミブレヴィスに分割されている。これは三分割の規則にしたがって、三等分することに何ら問題はない。そこで現代譜においては三連音符として表示することができる。ところが上の声部の中頃に現れるリガトゥラは、ブレヴィスを二分割することを示している。この場合は不等分分割となる。つまり二つ並んだセミブレヴィスのうち、前者はミノル（タクトゥスの⅓）、後者はマヨル（タクトゥスの⅔）となる。

ほかに説明すべきことは、下の声部七番目のロンガが、装飾つきのプリカであるということぐらいである。以上のことを念頭に、タクトゥスを四分音符に表示して、現代譜の作成を試みた（譜例2—2）。

①

②

譜例２　２声のコンドゥクトゥス《天の称揚》の冒頭部①
その現代譜②

不等分分割の例

第二の例も『ラス・ウエルガス手写譜』からのもので、モテトゥス《新しい歌を聖歌隊は歌え Psallat corus in novo carmine／並ぶ者なく、誇り高き父よ Eximine pater egregie／用意されている Aptatur》の第三の声部（トリプルム）の冒頭の一節である（譜例3—1）[9]。

この旋律は基本的に、ロンガの間にブレヴィスが二つ挿入された形で記されている。すなわち長短短の連続で、第三リズム・モードにあたる。この場合は二つ並んだブレヴィスのうち、前者はレクタ（タクトゥス一つ分）、後者はアルテラ（タクトゥス二つ分）となる。

ここでは、アルテラ・ブレヴィスがさらに二つ、または三つに分割される例が、三回にわたって見受けられる（上の段の中頃に一回と、下の段の終わり近くで二回）。アルテラ・ブレヴィスはタクトゥス二つ分なので、二つに分割する場合は等分すれば良い。しかし三つに分割するとなると、等分するわけにはいかないのである。そのような場合には、前の方のタクトゥスをさらに分割することとなる（譜例3—2）。

第三の例は、モテトゥス《大いなる悲しみ Mout me fu grief／ロバンはわたしが好き Robins m'aimme／もたらす Portare》で、『バンベルク手写譜』からのページをそっくりそのまま見ていただくこととしよう（譜例4—1）[10]。

①

②

譜例3　モテトゥス《新しい歌を聖歌隊は歌え／並ぶ者なく、誇り高き父よ／用意されている》より①
その現代譜②

このページの構造はこの時代独特のもので、最も重要な旋律であるテノル声部が一番下の五線一段に記されている。その上に、残る二つの声部が左右に並んで九段にわたって記されている。そのうち右側が第二声部（ドゥプルム、またはモテトゥス）、左側が第三声部《トリプルム》である。

三つの旋律の長さは必ずしも同じではない。そこでこのような記し方をすれば、それは大いにスペースの節約となる。これもまた中世人の知恵と言って良かろう。またこのページにはしばしば今日のナチュラルに似た記号が現れるが、実はそれはこの手写譜の筆者のくせで、他ならぬシャープ記号（♯）を示している。シャープとナチュラルが、もとは同じ記号であったことを示す、興味深い例でもある。

このモテトゥスにおいては、三つの声部のいずれもが、短長短長の第二リズム・モードを基本としている。つまりブレヴィスにロンガが続く形であるが、さらにブレヴィスもロンガも頻繁に分割されているため、そのような基本的リズム構造が一見わかりにくくなっている。この場合のロンガは当然のことながら不完全（タクトゥス二つ分）である。

一番わかりやすいのはテノル声部である。冒頭のリガトゥラは三つのブレヴィスから成るが、そのうち第二、第三のブレヴィスは、もともとロンガであったものが二つに分割されたもの、と解釈することもできる。

第二の声部は、実はアダン・ド・ラ・アルの代表作《ロバンとマリオンの劇》からの旋律をそのまま引用したものである。ブレヴィスもロンガもさらに分割されて、旋律の動きにより変化が見られるようになるが、その場合ロンガは二つのブレヴィスに分割され、それがリガトゥラで示されることが多いので、短長の構造はかなり目に見える形で残っている（譜例4―2）。

ところが第三の声部ともなると、分割の度合いが激しいので、一目見ただけではまったく自由なリズムによって作曲されているように思われるかもしれない。しかしよく調べてみると、基本的リズム構造はここでも健在であることに気づく（譜例4―3）。そして最後に三つの声部を並べてみると、それぞれの旋律が少しずつ異なる性格を持ちながらも、全体として第二リズム・モードの構造をしっかりと保持していることがわかる（譜例4―4）。このようなリズム構造を記すことは、ノートルダム楽派の記譜法では明らかにできなかったことである。

以上に示した三つの例は、いずれもアルス・アンティカの前期に属するものである。したがってリズムの構造もさして複雑ではない。しかしやがてより複雑なリズムを持つ作品が現れるようになっても、基本的なリズム構造そのものは、かなりのちの世代まで守り続けられていた。それをより明確、かつ現実的に整理し、規則にまとめたのがケルンのフランコの業績であった。

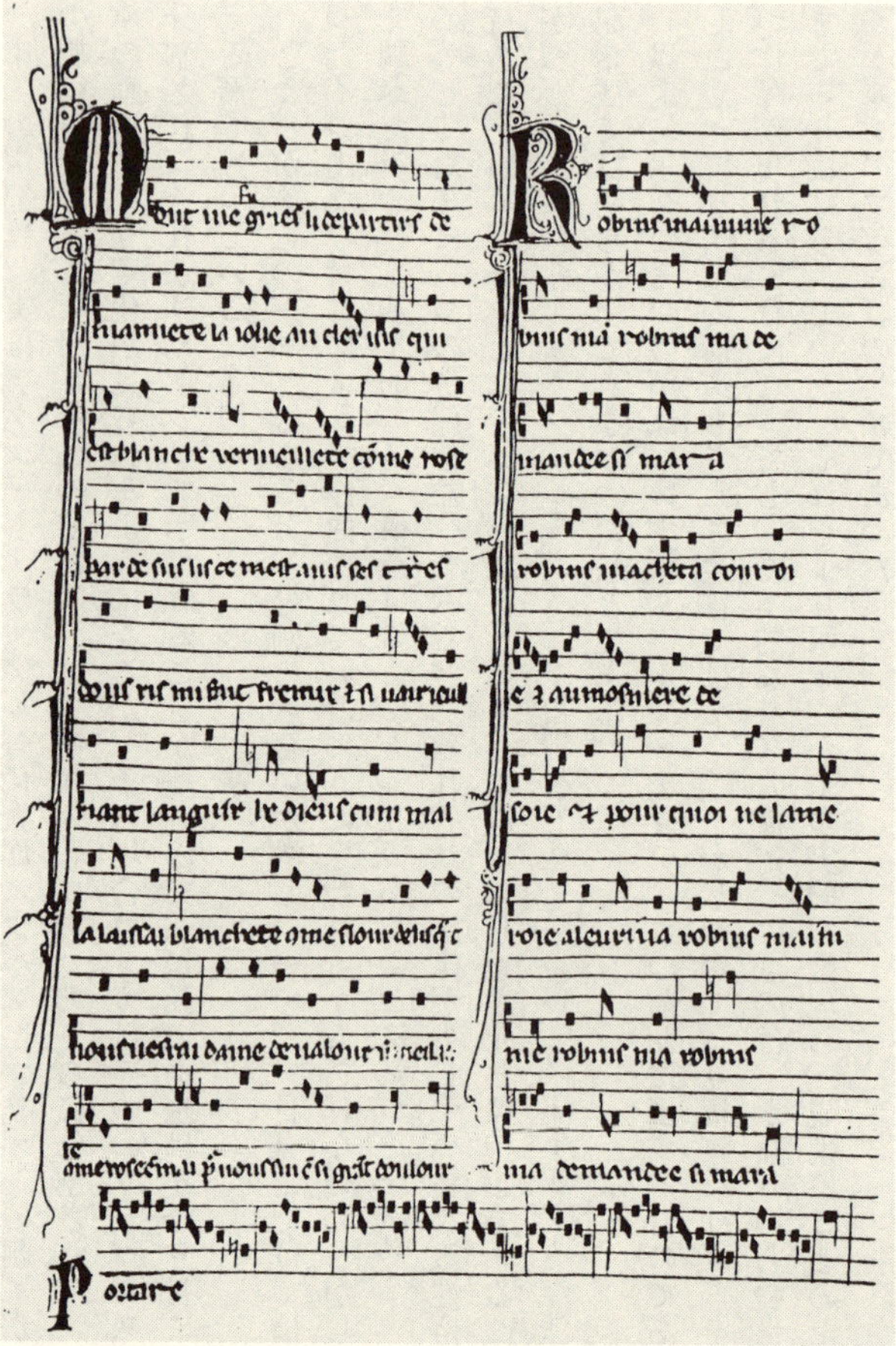

①

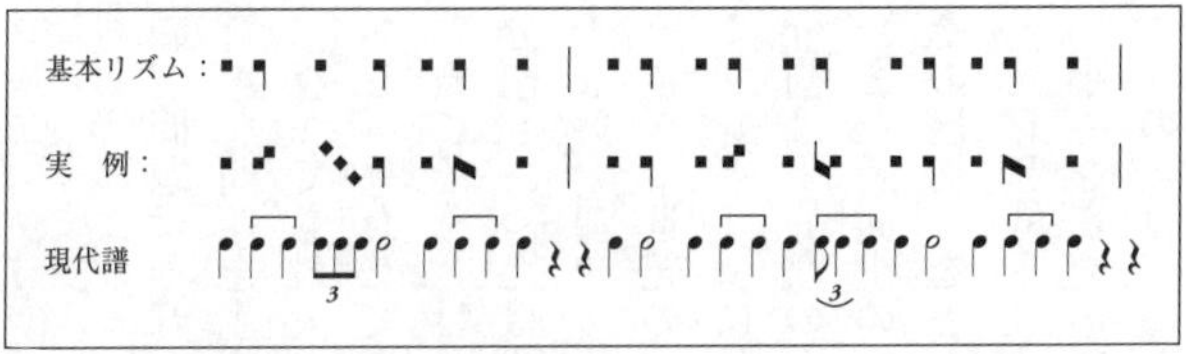

②

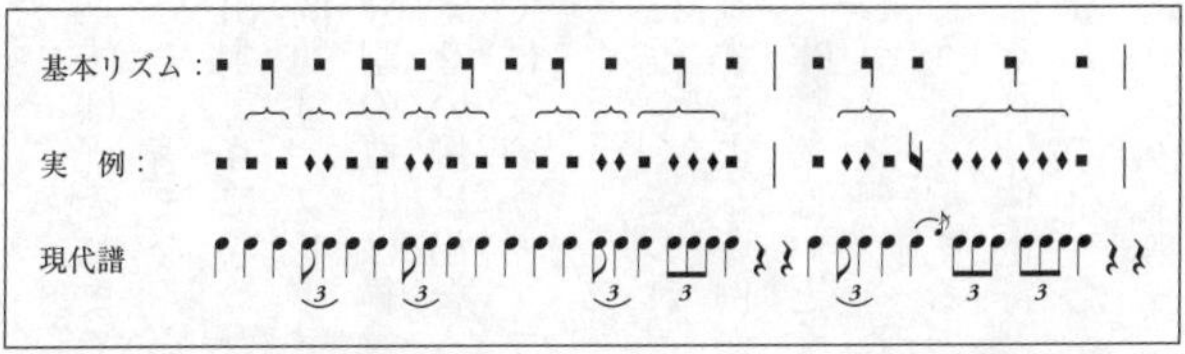

③

④

譜例4　モテトゥス《大いなる悲しみ／ロバンはわたしが好き／もたらす》より①
第2声部（ドゥプルム）のリズム②
第3声部（トリプルム）のリズム③
第2のリズム・モード構造を保持④

アルス・ノヴァの登場

フランコ式の記譜法は、それまでの不正確な楽譜の記し方に一応決着をつけたものの、問題はそれだけでは済まなくなる。ポリフォニーの発達はますます加速度をつけ、新たな問題を生み出すようになったからである。

なかでも最大の問題は、ブレヴィスをセミブレヴィスに分割する際の実際の方法である。果たして三分割の原則は絶対なのだろうか。さまざまな実例に当たってみると、一概にそうとは言えない例に出合うこともある。完全な三分割に対して、不完全な二分割もあったはずではないかと、ブレヴィスを二等分することを許容する学者も少なくない。

さらに世紀の末に近づくにつれ、ひとつのブレヴィスを四つ、またはそれ以上のセミブレヴィスに分割するような例が、次第に数多く見られるようになる。その場合、分割は平等なのか、平等でないとすれば、それは具体的にどのように分割されたのか。また隣同士のブレヴィスが、それぞれ異なる数のセミブレヴィスに分割された場合、その区切りをどのように表示するのが良いか。フランコなどはそれを、短い線で区切って区別をしたが、それは休止符とまぎらわしい。そこでのちになると、その代わりに小さな点を用いるようになった。

この点は、のちにプンクトゥス・ディヴィジオニス punctus divisionis の名で知られるようになる。直訳すれば「分割点」である。そしてそれを最初に実用化したのは、世紀末に活躍したペトルス・デ・クルーチェ Petrus de Cruce であったということが、今では定説となっている。

ジャック・ド・リエージュによれば、ペトルスはまた、ひとつのブレヴィスを、四つないしは七つのセミブレヴィスに分割したとして、実際に二つの譜例を挙げている。ところが幸いなことに、それらの例と一致する作品が完全な形で今日に伝えられている。

ここではそのうちの一曲、モテトゥス《習慣で歌を作る者もいるが Aucun ont trouveit chant par usage／長らく歌うのをやめていたが Lonc tant me sui tenu de chanter／告げながら Annuntiantes》の冒頭の部分を見てみることとしよう（譜例5―1）[11]。

この部分では、テノル声部（右側の一番下の段）はロンガの連続である。次にドゥプルム（右側の上の二段）は、基本的にはロンガ、ブレヴィス、ロンガ、ブレヴィスの連続であるが、最初と四番目のブレヴィスはいずれも四分割されている。この場合、ロンガは言うまでもなく不完全となる。

ジャックが引用したトリプルム（左側の三段）では、最初からセミブレヴィスの連続である。ただしよく見ると、ごく微小な点がそれらを分けている。冒頭から順にセミブレヴィス二つ、三つ、三つ、二つ、五つ、二つと続いてロンガとブレヴィスの休

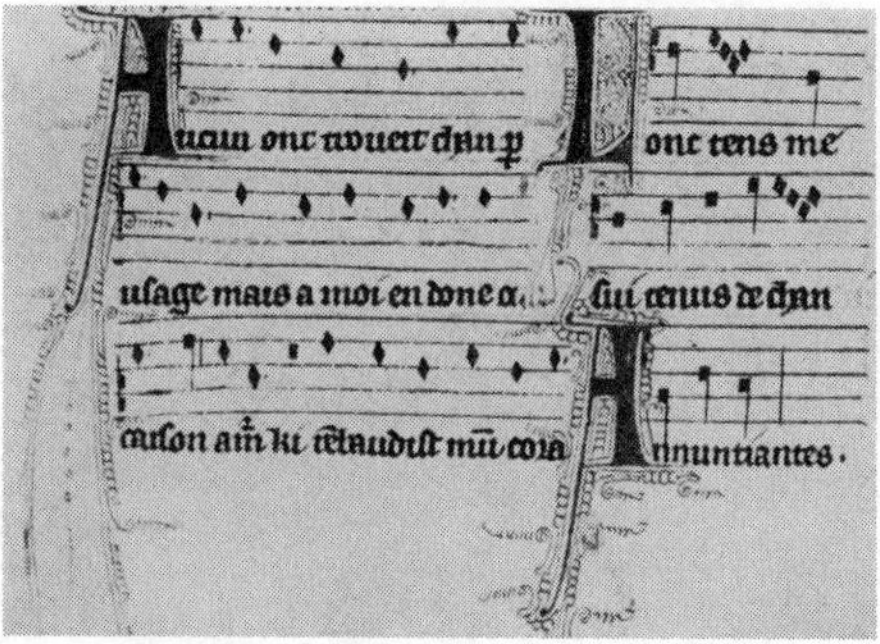

①
譜例５
ペトルス・デ・クルーチェのモテトゥスの例①
３分割の法則を守った現代譜②
より自由な解釈による現代譜③

止、そしてさらにセミブレヴィス二つ、ブレヴィス、セミブレヴィス六つと続く。

これを現代譜に書き改めると、一体どういうことになるか。あくまでも三分割の法則を守るか（譜例5—2）、あるいはより自由な解釈を加えるか（譜例5—3）によって、異なった楽譜ができ上がる。

明らかにポリフォニーの発達は、フランコ式の記譜法では十分ではない段階にまで発達していたことになる。そこでいよいよ『アルス・ノヴァ』の登場となる。

フィリップ・ド・ヴィトリの論文

最近の音楽史の傾向を見てみると、「アルス・アンティカ」を時代の名称としてとらえ、十三世紀全体ばかりでなく、十二世紀後半のノートルダム楽派の活動をも含めて論じることが一般的となりつつある。そのような見方には、筆者は賛成できない。

②

③

「アルス・アンティカ Ars antiqua」という用語は、十四世紀になってフィリップ・ド・ヴィトリ Philippe de Vitry（一二九一～一三六一）が発表したといわれる論文の題名『アルス・ノヴァ Ars nova』に対して用いられた言葉である。したがって「アルス・アンティカ」を説明するためには、「アルス・ノヴァ」が何を指すかということを前もって明らかにしておく必要がある。[12]

実はヴィトリ自身は「アルス・アンティカ」という言葉を用いてはいない。そればかりか、「アルス・ノヴァ」という言葉も論文の題名としてつけられているだけで、とくにそれが何を意味するかということも説明されてはいない。要するに、これが「新しいアルス」であるから、知りたければ内容を読んでみるとよい、ということである。ところがこの論文が発表されるや、パリの知識階級の間では賛成派と反対派に分かれての大論争が起こることとなる。その際、「アルス・ノヴァ」に対する従来の伝統による音楽を指して用いた言葉が「アルス・アンティカ」、あるいは「アルス・ヴェテルム Ars veterum（「古い技法」の意）」であった。

「アルス・ノヴァ」そのものに関しても、従来誤解されてきた傾向が強い。直訳すれば「新しい芸術」という意味に受け取られ、それはなにやら新しい芸術運動の旗揚げ宣言のように聞こえる。ところがこの論文の主旨は、そのようなものではない。もしその内容に興味があるというのであれば、さして長い論文でもないので、一度読んでみることをお薦めする。[13] そうすればこの論文において、「アルス」という言葉は「芸術」という意味で用いられたのではなかったということを、十分わかっていただけることだろう。

この論文は全体で二十四の章から成る。といっても各章の長さは短く、わずか数行から成るパラグラフ一つだけという章も珍しくない。

第一章から第十三章までは、伝統的な中世の音楽理論をごく簡単に概説したもので、とくに新しい説は打ち出されていない。すなわちムジカ・ムンダーナなどの三種類のムジカの区別、三種類のテトラコルドの分割、音高と数比の関係、モノコルドとディアトニック音階の確立、グイードのヘクサコルド（「六本の弦」の意）とムタツィオ（「変換」を意味する）、ユニゾンと半音などの説明が続く。

ところが第十四章以後になると、内容は急に現実的な話になり、演奏や記譜に関する具体的な説明となる。まず第十四章では、ヘクサコルドの応用に伴って導入可能となる、本来の基本音階には含まれない音、つまり現代風に言えば変ロ音（♭フラット）以外の黒鍵にあたる音についての説明となる。そしてそれをファルサ・ムジカと呼んでいる。

残る第十五章から第二十四章までが、実はこの論文の最も重要な部分であり、新しい記譜の方法を具体的に説明している部分にあたる。そしてその方法は、ヴィトリ自身の作品を記譜する際に用いられたやり方と一致するし、かれの最大の後継者であるギヨーム・ド・マショーが用いた記譜法の基本ともなっている。

つまりこの論文におけるヴィトリの最大の目的は、それまでの不完全な楽譜の書き方に対して、より正確に音楽を記述する方法を提唱することであった。すなわち「アルス」とは、記譜の「技法」を指していたわけである。

ジャック・ド・リエージュの反論

『アルス・ノヴァ』が発表されて賛否両論の論争が起こった時、それに反対して攻撃の先頭に立ったのがジャック・ド・リエージュであった。かれにとってはケルンのフランコやペトルス・デ・クルーチェの伝統が理想であり、「現代人」、つまりヴィトリらの世代の音楽は我慢のならないものであった。

ジャックはその理由を、大著『音楽の鏡 Speculum musicae』の中で、綿々と列挙している。[14]まず何よりも「現代人」は不自然なリズムや予想できないような動きを好んで使い過ぎる。その結果音楽は気まぐれ（lascivia）なものとなり、伝統的な音楽の穏健さ（modesta）を失ってしまった。

そのひとつの理由は「現代人」がセミブレヴィスをミニマやセミミニマに完全分割（三分割）したり、不完全分割（二分割）したりするからである。伝統的なフランコの書き方では、ブレヴィスはセミブレヴィスに完全分割されるだけで、さらにそれ以上こまかい分割をおこなうようなことはなかった。

すなわちフランコの時代においては、完全分割の原則がしっかりと守られていて、「現代」のように、不完全分割を無闇やたらに使いまわすようなことはしなかった。また「現代」の音楽家たちはモテトゥスやカンティレーナ（世俗歌曲）ばかりを作曲している。オルガヌムや、コンドゥクトゥスや、ホケトゥス（「しゃっくり」を意味し、休止符を思いがけないところで用いて複雑なリズムを作る技法）などといった伝統的に重要な音楽分野には見向きもしない、というわけである。

ここで好ましい伝統的な音楽分野にオルガヌムが入っているところから、ノートルダム楽派をもアルス・アンティカに含めても差し支えないのではないか、という一部の学者の考え方が生じてきているようにも思われる。

しかしこれまで見てきたように、『アルス・ノヴァ』をめぐる論争の主眼点は楽譜の書き方にある。そしてジャックが頑強に擁護した伝統的な音楽は、「アルス・ノヴァ」直前の音楽であって、一世紀以上も前の音楽ではない。

結論として言うならば、ポリフォニー音楽の発展の歴史をたどる時、ノートルダム楽派の盛期と『アルス・ノヴァ』の間に、そのどちらとも一線を画して活躍した音楽家たちの存在を認めないわけにはいかないように思う。そこでかれらが残した伝統を、正式に「アルス・アンティカ」と呼ぶべきではないのだろうか。

イタリアの「トレチェント音楽」

そもそもノートルダム楽派とアルス・アンティカの間には、いくつかのはっきりとした違いが認められるように思われる。まず前者は純粋に教会内の音楽であった。それに対して後者にはより世俗的な性格が次第に認められるようになり、ついには別途に発展してきた世俗歌曲と融合するまでとなる。

前者の担い手は聖職者たちで、かれらの作品を歌って演奏することを目的としていた。それに対して後者のそれは大学や修道院付属学校などの教育機関にたずさわる知識人が中心であって、かれらの目的も演奏よりはむしろ創作する方に重点が置かれていた。

前者においては演奏そのものに重点が置かれているため、それについて詳しく著述する学者はほとんどいなかった。第四の無名者はその点では例外的な存在である。ところが後者については、それについて記述する学者が次々と現れた。十三世紀に入ってから音楽理論家の数が急に増えるのも、そうした背景からと考えられる。

前者の作曲分野の中心はなんといってもオルガヌムであった。これに対して後者においてはモテトゥスの創作に重点が置かれた。

それより何よりも両者の間にはひとつの決定的な違いが存在した。それがすなわち楽譜の書き方、つまり記譜法である。

こうして時代は十四世紀へと移る。ジャック・ド・リエージュの激しい抗議にもかかわらず、フランスにおいては『アルス・ノヴァ』の考え方に沿ったポリフォニー音楽の発展が見られた。

一方イタリアにおいても、一足遅れてポリフォニー音楽が盛んとなる。それをすこし前までは「イタリアのアルス・ノヴァ」と呼んだこともあった。しかし十四世紀のフランスとイタリアの音楽の間には、根本的に異なる特徴がいくつも存在する。それは実際の例を調べてみればたちどころに明らかとなる。

このため最近では、当時のイタリア音楽のことを「トレチェント音楽（「トレチェント」は三百を意味する。この場合は、一三〇〇～九九年を表す）」の名で呼ぶようになってきている。ヴィトリの『アルス・ノヴァ』における考え方と一線を画すためにも、それは必要な区別なのである。

では「アルス・ノヴァ」と「トレチェント」では、一体どう違うのであろうか。それに関してはさまざまな要素が含まれるが、とくに記譜法においてその違いが明確に反映されている。次の章ではこの問題を、できるだけわかりやすく説明してみたい。

第六章　アルス・ノヴァとトレチェント

1　ヴィトリとマショー

知識人の代表

フィリップ・ド・ヴィトリが著したとされる論文『アルス・ノヴァ』が発表され、その中で新しい記譜法が提示されたことをきっかけに、フランスのポリフォニー音楽は新たな時代に突入することとなる。[1]

しかしその新たな記譜法に従って作品を残した作曲家となると、事実上二人しかいない。すなわちヴィトリ自身と、一世代後輩のギヨーム・ド・マショー Guillaume de Machaut（一三〇〇頃～七七）だけである。その他の作品はすべて今のところ、作者不明のままで、しかも数も少ない。

ヴィトリとマショーは、ともに当時のフランスにおける知識人の代表であった。それだけに、この二人に共通する特徴は決して少なくはない。ところが同時にこの二人は、とくに性格の面で、極端なまでに対照的なところもあったことに改めて注目したい。

まずこの二人はいずれも当時の最高学府に学び、おそらく最優秀の成績で学位を得たものと思われる。ヴィトリの場合はソルボンヌ大学に学び、マギステルの称号を得たことは確実視されている。マショーの場合、決定的な証拠はないものの、かれ自身の言動や、周囲の事情から、パリで学んだ可能性がきわめて高いものと考えられる。大学において学んだ内容も、きわめて似たものであったらしい。両者とも中世大学における基礎的教養学であるアルテス・リベラーレス(自由学芸)に精通していた。したがってかれらの専門領域はきわめて広範囲にわたっていた。

すなわちかれらはいずれも優れた文筆家であり、哲学者であった。そして修辞学や弁証法に通じているとともに、数学者、天文学者、詩人、そして音楽家であった。マショーなどはそのすべての分野において、自分こそは最大の権威であるとまで豪語している。

大学を出た後、当時の有力な支配者をパトロンに持った点でも、二人は共通している。ヴィトリの場合は、最初からシャルル四世に書記官として仕え、その後フィリップ六世、ジャン二世と、三代のフランス国王に仕えている。政治や外交の分野でも活躍し、そのためにアヴィニョンの教皇庁宮廷を何度も訪れたことも知られている。

一方マショーが仕えたのはボヘミア王ジャン・ド・リュクサンブールで、秘書官としてであった。そして王の供をして、ヨーロッパ各地を訪れたことはまず間違いない。

さらに一三四六年に王がクレシーの戦いで戦死した後も、一連の最も高貴な貴族に仕えたが、その中にはベリー公ジャンや、王子時代のシャルル五世なども含まれている。

二人はまたそれぞれのパトロン、あるいは時の教皇の影響によって数多くの聖職禄を保持していたことでも共通する。そして最終的にヴィトリは一三五一年モーの司教となり、マショーは一三三七年にランスの聖堂参事会員の職位を得ている。

ヴィトリは自分の名前を出さなかった

結局二人とも、最後には偉大な学者として尊敬を集め、豊かな生活を送って一生を終わった。このように二人の生涯を比べてみると、意外なほど似通っていることに気づく。

ところがそれぞれの性格となると、これはまた驚くほど対照的である。それをひと口で表現するならば、自分の名前をことさら前面に出すことのなかったヴィトリに対して、きわめて自己主張の強いマショーということになる。

そもそもかれらが残した音楽作品の数を比べると、極端なまでにヴィトリは少なく、マショーは多い。それはひとつには前者が自分の作品をはっきりそれと明示しなかったのに対して、後者は自分の作品を集大成して全集として残したからである。

実は現存するヴィトリの作品はそのほとんどが、原典においては無名のままとなっている。したがってそれらは他の手がかりによってかれの作品と認定されなければならない。またたとえ原典にかれの名前が記されていても、それを文字通り信じるわけにはいかない場合もある。

中には歌詞の内容から、かれの作とわかるものもあれば、他の音楽理論家などがかれの作として曲の一部を引用した場合などもある。またかれ自身の著作に引用されている譜例の中にも、その扱い方からかれの作品と断定できるものがいくつかある。

綿密な分析の結果、今日学者の意見でほぼかれの作品に間違いはないという作品は十二曲にすぎない。他にもかれの作品の可能性が強いとされるものがあるが、それもほんの数曲である。しかもそれはいずれもモテトゥスばかりで、そのうちのいくつかはジェルヴェ・ド・ビュスが一三一四年に完成した風刺寓話《ふうしぐうわ》『フォヴェル物語 Roman de Fauvel』に挿入された形で残っている。

明らかにそれらはかれの作曲家としての創作活動のほんの一部にすぎない。それは当時の他の資料からも明らかである。ある著者不詳の論文においては、ヴィトリがシャンソンの分野において革新的な様式を導入したことが記されている。

察するにかれの革新的なシャンソンとは、かれ独特の記譜法によるポリフォニーの作品だったのではないだろうか。とするならば、かれのこの分野における作品は、最後のトルヴェールとも称されるアダン・ド・ラ・アルのコンドゥクトゥス風のロンドー、および世紀の初めに若くして死んだジャンノ・ド・レスキュレルの多声シャンソンに次ぐ作品で、さらにマショーのシャンソンに受け継がれていくという、歴史的にも重要な位置にあったはずである。[2]

しかし残念ながら、それらの作品は残っていない。あるいは作者不明の作品としてどこかに残っている可能性はあるものの、現在のところそれを特定する手立てはない。

マショーの作品が後世に伝わった理由

これに対してマショーの場合はまさに対照的である。かれは晩年、裕福な引退生活を送るかたわら、自分の作品を集めて一つの著書にまとめた。それは音楽作品ばかりではなく、詩などの文学作品や論文なども含み、現代風に言えばまさに「全集」といった内容のものである。

なかには自伝風の物語もあり、とくに有名なのがおそらく六十代で書いたと推察される『真実の物語 Voir dir』である。そこではペロンヌ・ダルマンティエール Péronne d'Armentières という十九歳の娘との恋物語が、詩や音楽をつづりながら語られているが、自分の老いらくの恋を臆面もなく書いて公表するところにも、いかにもかれらしい性格が表れている。

マショーはそのようにまとめ上げた著書を写させて、幾通りもの豪華な手稿本を作

図1　自然の女神がマショーを訪問している情景

成させた。そしてそれを親しいパトロンや貴族たちに献呈したわけである。かれの作品が数多く現代に伝えられたのも、実はこのために他ならない。

それらの手稿本は今日なお、ほぼ完全な形で数冊残っている。とくにパリ国立図書館には少なくとも五冊が保管されていて、その中にはマショーの生涯の出来事を、見事なミニアチュア画で描いたものも少なくない。たとえば有名な例には、自然の女神が「良識」、「修辞」、「音楽」という彼女の三人の子供たちを連れて、マショーを訪問しているところを描いた情景（図1）がある。

このようにして今日に残されたマショーの音楽作品の数は百数十曲に達する。なかでも代表作として知られるのが六楽章から成る《ノートルダム・ミサ曲》であるが、あとはすべて世俗的な内容の作品となっている。

モテトゥスは合わせて二十三曲が知られていて、いわゆるイソリズムの技法（ひとつの旋律において同じリズムを繰り返す技法）で作曲されているが、そのような技巧的な手法を用いることができたのも、新しい記譜法のお陰に他ならない。残りの作品はほとんどがバラード、ロンドー、ヴィルレ（シャンソンの一種。語源は「回転する」）、レー（もともとは「叙事詩」を意味した）などといった形式によるシャンソンで、合わせて百十八曲を数えている。[3]

世俗音楽勃興の世紀であったという通説にたいする疑問

ここでひとつ注意をうながしておきたいのは、マショーのシャンソンというといずれもポリフォニーと思われがちであるが、実は単旋律の作品も少なくない、ということである。とくにヴィルレやレーなどは、単旋律の曲が圧倒的に多い。

それはあるいは当然のことかもしれない。実はマショーもまた、十二世紀以降続いたトルヴェールの後継者なのである。その歴史をたどれば、アダン・ド・ラ・アルも、ジャンノ・ド・レスキュレルも、そしておそらくヴィトリも、本来は単旋律のシャンソンを書いた上で、一部の作品をポリフォニーに作曲したわけであろう。

さらにもうひとつ注意しなければならないのは、われわれが十四世紀フランスの音楽を語る時、事実上マショーの作品ばかりに目を向けてしまうことである。これは無理のないことなのかもしれない。

だがかれの作品が残ったのは、かれの異常とまで言える自己主張と、自分の作品を後世に残そうという執念の結果であることを忘れてはならない。同じ時代の他の作品は、そのような特別な意図が働かなかったために、その大半は消滅してしまった。

そのように考える時、十四世紀が音楽史において世俗音楽勃興の世紀であったという通説も、実は幻の空説であった可能性も十分考えられる。その作品のほとんどが世俗歌曲であったマショーの例に惑わされて、そのように信じてしまったのではあるまいか。

幸いにして音楽学の発展のお陰で、いわゆる《トゥルネーのミサ曲》や《バルセロナのミサ曲》など、この時代の教会音楽にも視線が注がれる時代となった。今こそ十四世紀の音楽を、新たな目で見ることが重要なのではあるまいか。[4]

2 アルス・ノヴァの記譜法

『計量音楽の書』

ヴィトリ作といわれる『アルス・ノヴァ』は、実際には当時の楽譜の書き方を十分に説明しているわけではない。むしろ他の理論書の中に、より詳細で明快な説明が見られるものがある。

なかでもとくに重要なのが、ヨハネス・デ・ムリス Johannes de Muris（ジャン・デ・ミュール Jehan des Murs［一三〇〇頃～五〇頃］）の著作である。ヨハネスはノルマンディー出身で、主に数学者、そして天文学者として知られる存在だった。

記録によれば、かれは一三一八年にパリ大学に在籍していたことが知られ、一三二〇年代の初めにマギステル（修士）の学位を得て、みずからも教鞭をとるようになったものと推定されている。すなわちかれもまた自由学芸を習得した知識人の典型であった。かれはまたヴィトリと親交があったことでも知られている。

ヨハネスが残した音楽理論書としては少なくとも五つの論文が知られているが、その中で当時の記譜法についてわかりやすく説明したものに、晩年に書かれたと思われる『計量音楽の書 Libellus cantus mensurabilis』がある。[5]

この書を中心として、『アルス・ノヴァ』やその他の理論書を参考にしながら、さらには具体的にヴィトリやマショーの作品を分析することによって、当時のフランスにおける新しい記譜法がどのようなものであったかを確認することができる。それを総合してなるべく簡単にまとめると、次のように概説することができる。

まずこの時代、タクトゥスはセミブレヴィス（◆）に移されていた。つまり拍子を取る際に、セミブレヴィスを一拍としていたわけである。したがってそれを、現代譜においては四分音符（♩）、または符点付き四分音符（♩.）と表示することが適当、ということになる。

また音符の種類も、五種類に増えた。すなわちマクシマmaxima（▬┐）、ロンガ（■┐）、ブレヴィス（■）、セミブレヴィス（◆）、そしてミニマ（|◆）の五つである。

マクシマとロンガの関係（▬┐→■┐）を、マクシモドゥスMaximodusと呼ぶ。
ロンガとブレヴィスの関係（■┐→■）を、モドゥスModusと呼ぶ。
ブレヴィスとセミブレヴィスの関係（■→◆）を、テンプスTempusと呼ぶ。
セミブレヴィスとミニマの関係（◆→|◆）を、プロラツィオProlatioと呼ぶ。

これら四つの関係のそれぞれにおいて、完全（三分割）な場合と、不完全（二分割）な場合がある。ただしそれは理論上の話で、実際に問題にされるのはテンプスとプロラツィオが主で、たまにモドゥスが論じられる場合が起こるぐらいなものである。

つまり、テンプスとプロラツィオがともに完全であるということは、ブレヴィスが三分割されてセミブレヴィスとなり、さらにセミブレヴィスが三分割されてミニマとなることを示す。また両方とも不完全というのであれば、二分割に二分割を重ねて、ブレヴィスからセミブレヴィスを、そしてさらにミニマを生じることになる。

生き残ったメンスーラ記号

そのような分割方法の組み合わせが、一目見ればたちどころにわかるような記号を工夫してはどうだろうか。当時の作曲家や理論家たちは、いろいろな記号を考え出してはみたものの、結局最終的にはそのうち四種類が生き残り、後世に伝えられることとなった。

テンプスが完全な場合はそれを完全な円形（○）で示し、不完全な場合は右側の欠けた半円形（☾）とする。そしてプロラツィオが不完全な場合はそれらをそのまま用いるが、完全な場合には円または半円の中央に黒点をひとつ付け加える。こうして四種類の記号ができ上がり、それらをメンスーラ記号の名で呼んだ（図2）。

メンスーラとはラテン語で「計量」を意味する。すなわち「計量音楽」の「計量」に他ならない。そして特定の音楽作品に見られる音符の分割方法の組み合わせを、「この曲のメンスーラはテンプスが完全で……」というように表現する用語としても使われるようになった。

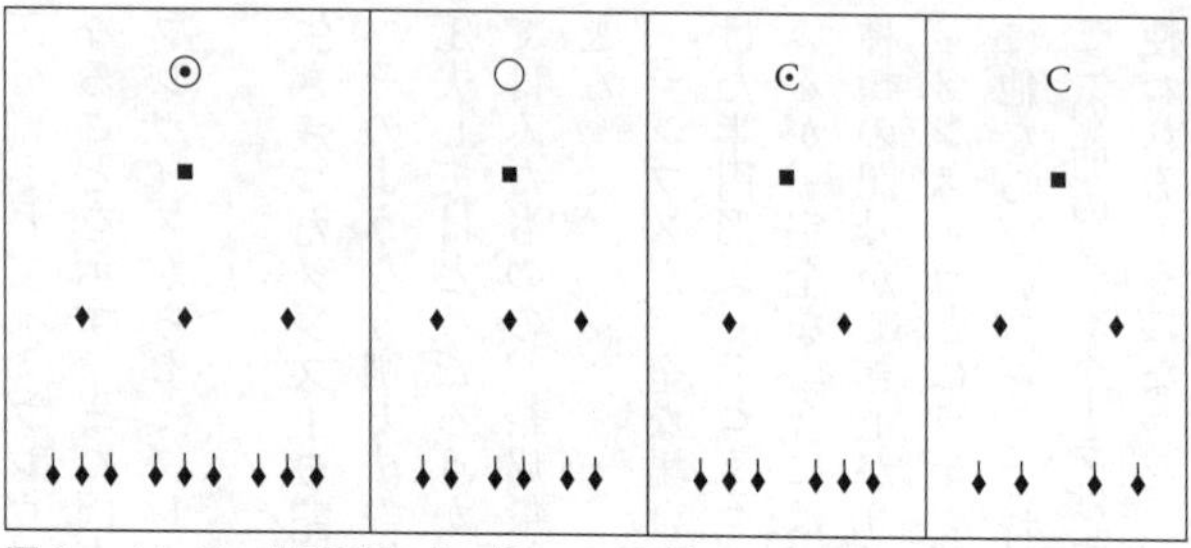

図2　メンスーラ記号とブレヴィスの分割

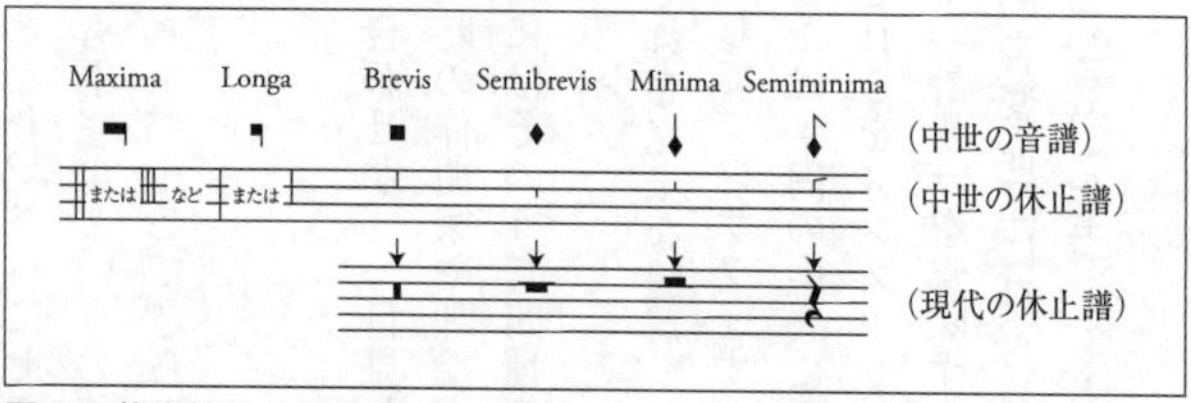

図3　休止符のルーツ

　これらのメンスーラ記号は、中世が終わったのちも引き続き後世の作曲家たちによって使われ続けた。実は中にひとつ、今日なお使われている例がある。テンプスも、プロラツィオも不完全（二分割）であることを示す、半円形のメンスーラ記号である。

　現在では四分の四拍子を示す記号として馴染み深い「C」は、実はアルファベットのCではなく、十四世紀に工夫されたメンスーラ記号のひとつである半円形に他ならない。歴史をたどってみると、思いがけないルーツに到達するという良い例ではないだろうか。

それはさておき、十四世紀も半ばになると、五種類の音符だけでは物足りなくなり、ミニマをさらに分割してセミミニマ semiminima（◆）が誕生することとなる。それも最初のうちはミニマを平等に二分割する形で導入されたものであったが、やがてこの場合にも完全と不完全の二種類の分割の原則が応用されるようになる。

こうして二種類の分割方法が五段階にわたって応用されるとなると、現実はともかくとして、理論的には三十二通りのメンスーラ、すなわち基本的リズム体系が成立することとなる。そのあたりが、いかにも数学者が考えそうなところであり、また伝統を重視したジャック・ド・リエージュらの反発を呼んだ要因となったことは、容易に推察できる。

ところでアルス・ノヴァの作曲家たちは、六種類の音符に対応して、休止符も正確に書き記すことを心がけた。しかもそれらは定着し、形を変えながらも後世に伝えられた。すなわち今日われわれが用いている休止符のルーツがここにある（図3）。

プンクトゥス（点）の新しい用法

アルス・ノヴァの記譜法において、さらに変化に富むリズムの可能性を拡張したものに、プンクトゥス（点）の新しい用法がある。すでに述べたように、一連のセミブ

図4　プンクトゥスのさまざまな用法

レヴィスを区切るために、プンクトゥス・ディヴィジオニスを最初に用いたのはペトルス・デ・クルーチェであった。

そのプンクトゥス・ディヴィジオニスを、アルス・ノヴァの作曲家たちはさまざまな方法で用いながら、新しいリズムの可能性を探っていった。

たとえば完全テンプスにおいて、ブレヴィスの後にセミブレヴィスが続くと、ケルンのフランコの規則によって、先行するブレヴィスは本来の長さの三分の二に縮小されることになる（図4—1）。ところが点《プンクトゥス》を付けることによって、ブレヴィスは続くセミブレヴィスとの関係を絶ち、その結果本来の長さを保つことができる（図4—2）。

また完全プロラツィオにおいて、ミニマの数が三の倍数だけ続く場合（図4—3）は、ミニマはすべて同じ長さとなるが、そこに点《プンクトゥス》を書き込むことによって直前のミニマを二倍化し、その結果シンコペーション、すなわちリズムのずれを生じさせることもたやすくできる（図4―4）。

さらに新しい用法として、たとえば不完全プロラツィオにおいて、本来タクトゥス一拍分であるセミブレヴィス（図4―5）に点《プンクトゥス》を付加し、不完全なものを完全化したという解釈から、一拍半分に引き伸ばすというやり方が一般化する（図4―6）。

この新しい点《プンクトゥス》の用法は「プンクトゥス・アディショニス punctus additionis」（直訳すれば「付加点」）と呼んで、「プンクトゥス・ディヴィジオニス」（「分割点」）と区別することとなるが、実は音符の長さを一倍半に伸ばすということからも明らかなように、今日われわれが盛んに用いている符点音符の出発点なのである。

以上プンクトゥス（点）の用法をいくつか述べたが、これはまだ序の口にすぎない。これ以上説明しようとなると、説明する方もされる方も、最後にはうんざりしてしまうこと請け合いである。要するに「点《プンクトゥス》」の用法をさまざまに工夫することによって、より複雑なリズム構造を創り出そうという試みに他ならない。

赤いインクの「赤符」

ところがこれに、さらに輪をかけて巧妙な手法が登場する。赤いインクを用いて、黒い音符のかわりに色付きの音符を用いる、という技法である。万一赤いインクがない場合は、黒いインクで白抜きの音符で代用するが、用い方は同じで、一般に「赤符」または「色付き音符」と呼ばれている。

この「赤符」はすでにヴィトリも用いているし、『アルス・ノヴァ』の第十九章にもその説明が見られる。用法はさまざまであるが、とくに重要なものが二つある。そのひとつは曲の中途で、一時的に異なるメンスーラを用いるというもので、たとえば完全テンプスの旋律に、不完全テンプスの一節を挿入するというような場合に用いる。第二の用い方は、「赤符」で記した音符をそのままそっくり三分の二に縮小するというものである。

このようにさまざまなメンスーラを試み、「プンクトゥス（点）」や「赤符」を用いて、アルス・ノヴァの作曲家たちはいろいろな方法を工夫しながら、より変化に富んだリズムを創り出そうと努力したわけである。

二分割に二分割を組み合わせたメンスーラを用いる場合は、それを今日われわれが使っているCという記号で表示することからもわかるように、記譜の方法は現代人にもわかりやすい。ところが三分割が入ってくると、われわれが戸惑うようなことが多々起こる。それでは、ここで二、三、その具体的な例を見てみることとしよう。

具体例《わが心は争う》と《考えないでおくれ》

マショーのバラード《わが心は争う Mes esperis se combat》は、完全テンプス、不完全プロラツィオの典型的な例である。

三つの声部はページの上、下、右に別々に記譜されているので、慣れないと見にくい。そこでここでは各声部の冒頭だけを取り出して、見易く並べてみた（譜例1）[6]。一番上の声部においては、セミブレヴィスとミニマが数多く現れるが、それらの音符はだいたいブレヴィス一個分ずつのグループにまとめて記入されている。ブレヴィスの後に点（この場合はプンクトゥス・ディヴィジオニス）が付されているのは、その後に続くミニマや休止符によって不完全化されないための対策である。

テノルとコントラテノルはいずれもロンガで始まり、その後にミニマが二個続く。テノルではさらにその後にブレヴィスが続くので、ミニマ二個は行き場所を失い、前のロンガに吸収されてしまう。ところがコントラテノルでは二個のミニマの後にセミブレヴィスが二つ続き、合わせてブレヴィス一個分となるので、冒頭のロンガは完全なままである（譜例1―2）。

続いて同じくマショーの二声のバラード《考えないでおくれ Ne pensez pas》の冒頭を見てみることとしよう（譜例2）[7]。この曲はテンプスもプロラツィオも完全、という例である。

セミブレヴィスの後にミニマが続く場合と、そうでない場合では、セミブレヴィス

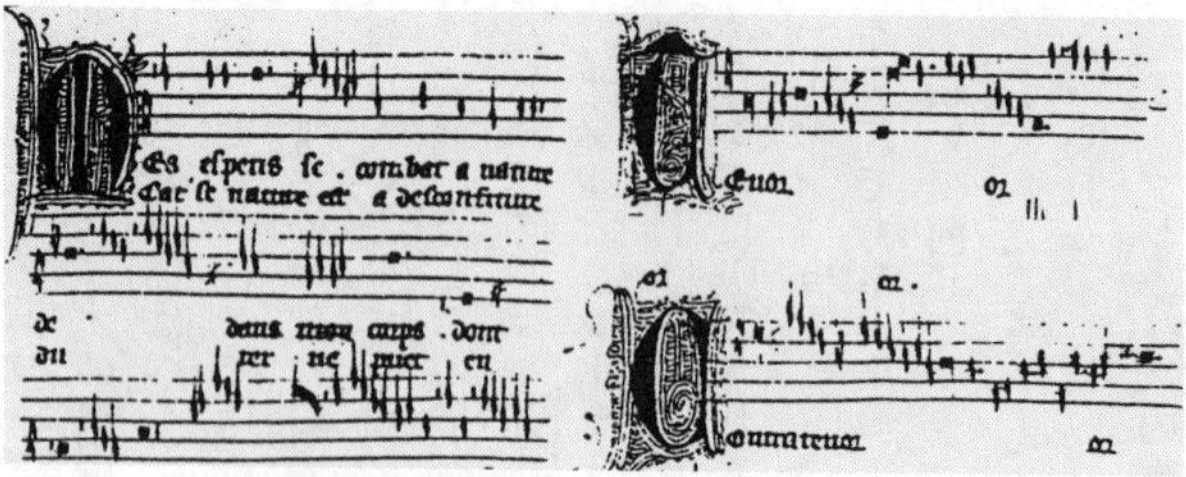

①

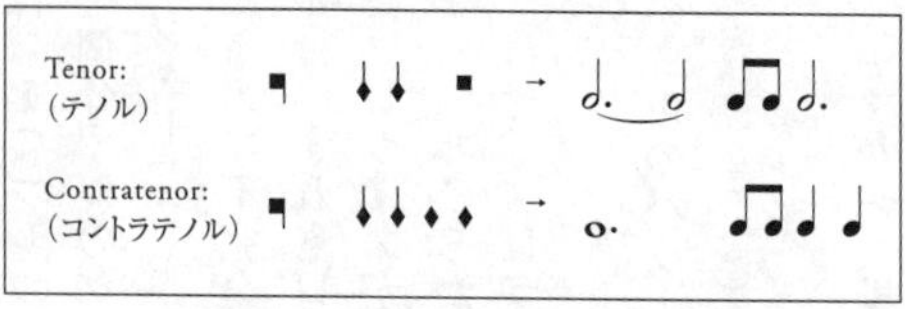

②

③

譜例１　《わが心は争う》の例
原譜①
テノルとコントラテノルの冒頭のリズム②
現代譜③

の長さが異なることにまず注意したい。ところがその間にプンクトゥス（点）を置くと、リズムの変化が起こる。

上声部の中頃に、ひとつのセミブレヴィスを間にして、両側にプンクトゥスが置かれている例が見られる。これらはいずれもプンクトゥス・ディヴィジオニスである。前のプンクトゥスは、さらにその前のセミブレヴィスが直前のブレヴィスに吸収されることを示す。つまりブレヴィスは三分の二の長さに縮められる。

第二のプンクトゥスは、セミブレヴィスがそれに続くミニマに影響されず、完全なままであることを示す。そこでミニマは、その後のセミブレヴィスと組んで、タクトゥス一つ分を形成する。さらにその後に二つのミニマが続くが、それは三分割の法則により、二番目のミニマが二倍の長さを持つことになる（譜例2―2）。

このようなメンスーラの仕組みは、いかにも数学が得意な学者向きといった感があるが、総じてアルス・ノヴァの音楽においてとくに強調されるのは、変化に富んだリズムの面白さであり、プンクトゥスや赤符などを用いての作曲技法の巧妙さである。

では同時代のイタリアの音楽の場合はどうであろうか。ここで舞台をボローニャ、ミラノ、ヴェローナなどの都市国家が割拠する北イタリア、さらにはフィレンツェを中心とする芸術の発祥地トスカーナに移すこととしよう。

①

②

③

譜例２　《考えないでおくれ》の例
原譜①
上声部の冒頭のリズム②
現代譜③

3　トレチェント音楽の代表者たち

十四世紀イタリアのポリフォニー音楽

「トレチェント」とはイタリア語で「三百」を意味する。そこで「千三百の年」ということから、十四世紀を指すようになった。イタリアにとっては、文学をはじめ、美術や音楽を含む文化全体に、目覚ましい発展が見られることとなる輝かしい世紀である。

ちょうど世紀の初頭に、かの文豪ダンテ・アリギエリは、政治家としてフィレンツェ政界の頂点に立とうとしていた。ところがほどなく失脚して、亡命の道をさまようようになり、その間に不朽の名作『神曲』を手がけることとなる。

ちょうどその頃、少年時代を過ごしていた桂冠詩人ペトラルカは、やがてあこがれの美女ラウラを讃《たた》える一連の詩を書き始める。さらに一世代遅れて、『十日物語《デカメロン》』の作者ボッカッチョが活動を開始する。

美術の分野においても、フィレンツェを中心に活躍を続けたジョットをはじめ、その影響を受けた弟子たちや、シモーネ・マルティーニ、ピエトロ・ロレンツェッティなどの芸術家たちが、新しい美の世界を展開させていた。

そうした新鮮な雰囲気は音楽の世界においても同じことで、北イタリアからその南に隣接《りんせつ》するトスカーナ地方にかけて、マドリガーレ（「牧歌」が語源というが、異論もある）、カッチャ（「追う」「狩り」の意）、バッラータ（「踊り歌」の意）などという形式による世俗歌曲が、見事なポリフォニー音楽の花を咲かせることとなる。[8]

一般に十四世紀イタリアのポリフォニー音楽は、フランスのそれに比べてやや遅れて発達したと言われている。しかしすでに少なくとも世紀の前半に、目立った活躍を続けていた作曲家が三人いた。

かれらは推定による年代順に、マギステル・ピエロ Magister Piero、ジョヴァンニ・ダ・カッシャ Giovanni da Cascia、ヤコポ・ダ・ボローニャ Jacopo da Bologna の三人である。二人目のジョヴァンニは、ジョヴァンニ・ダ・フィレンツェの名でも知られる。ちなみにカッシャとは、フィレンツェ郊外の小さな村の名である。

これら三人の経歴に関しては、ほとんど何もわかっていない。ただかれらが残した作品の内容などから、かれらがいずれも一三三〇年代から四〇年代にかけて、ミラノのヴィスコンティ家、ヴェローナのデッラ・スカラ家など、北イタリアの宮廷で活躍していたらしいことがわかる。

世紀の中頃から後半にかけては、とくにフィレンツェの音楽家たちの活躍が目立つようになる。思いつくまま挙げるならば、たとえばギラルデッロ・ダ・フィレンツェ、パオロ・ダ・フィレンツェ、ドナート・ダ・フィレンツェらの名が頭に浮かぶが、その頂点に立ったのが盲目の名オルガニスト、フランチェスコ・ランディーニ Francesco Landini（一三二五頃～九七）であった。

他にもヴィンチェンツォ・ダ・リミニ、ニコラス・ダ・ペルージャ、バルトリーノ・ダ・パドヴァなど、他の地域出身の作曲家も見受けられるが、そのほとんどがイタリア中部から北部にかけて、とくに宮廷文化が盛んであった町の出身であることが注目される。

アルス・ノヴァとは対照的なトレチェントの歌曲

このように列挙してみて気づくことは、フランスのアルス・ノヴァとは対照的に、トレチェント音楽では数多くの作曲家の名前と作品が知られているということである。これは一体何を意味するのであろうか。

うかつには断定できないものの、アルス・ノヴァが、きわめて限られた知的特権階級に属するごく少数の人の手によって創られ、評価されていたのに対して、トレチェントの歌曲はより広い範囲の知識人たちの間で享受されていたような気がしてならない。

その肩書や肖像画に見られる風采《ふうさい》などから、トレチェントの作曲家の多くは聖職者であったことが推察される。しかし反面なかには、見るからに学者風の姿も数人見受けられる。そしてその中にはボローニャやパドヴァなど、中世の大学町出身の者も含まれていることが注目される。

果たしてヤコポ・ダ・ボローニャやバルトリーノ・ダ・パドヴァは、それぞれ故郷の大学に学び、それもアルテス・リベラーレスを習得して知識人の代表となったのであろうか。きわめて魅力的な仮説であるし、またあり得ない話でもない。しかし残念ながらそのような可能性を少しなりとも示唆する手がかりさえ、今のところ見つかってはいない。

ヤコポ・ダ・ボローニャが詩人ペトラルカと親交のあったことはよく知られているところである。事実両者は世紀の半ば頃、同じミラノのヴィスコンティ家の宮廷に出入りしていた。ペトラルカがあこがれのラウラを讃えて歌ったマドリガーレのひとつ、《恋人にとって Non al suo amante》に曲をつけたのもヤコポであった。

ヤコポはまた、ヴィトリとも交友関係にあった。にもかかわらずヤコポが書き記した楽譜には、アルス・ノヴァの影響はほとんど認められない。そもそもヤコポをはじめ、トレチェントの作曲家たちが用いた記譜法は、アルス・ノヴァのそれに比べてはるかにわかりやすく、単純である。

しかしその記譜法はおそらくイタリア起源ではなく、フランスから伝えられたものと思われる。ただしそれはアルス・ノヴァ以前の楽譜の書き方にもとづくもので、ケルンのフランコやペトルス・デ・クルーチェらの考え方にむしろ近い。ただそれをいかにもイタリアらしく、単純明快に整理したものである、と言っては言いすぎであろうか。

マルケット・ダ・パトヴァはどうやって記譜法を身につけたのか

そのようなトレチェントの記譜法を、理論的な説明にまとめ上げたのが、作曲家としても知られるマルケット・ダ・パドヴァ Marchetto da Padova の『ポメリウム Pomerium（聖域）』である。この著作はかれが引退して、リミニに近いチェゼーナの市長の家に身を寄せていた時代にあたる一三一八～二六年に、書かれたものであるとされている。

ところでマルケットはこの記譜法をどのようにして学んだのであろうか。それはいまだに謎のままである。かれ自身は大学で学んだ形跡もなければ、フランスに留学した気配もない。むしろより実際的な演奏家、ないしは音楽家であった可能性が強い。

一三〇五年三月二十五日のこと、パドヴァの町に、スクロヴェーニ礼拝堂の名で知られる小さな教会堂が完成した。それを祝って催された式典の最後に演奏されたのではないかといわれるのが、当時パドヴァ大聖堂の聖歌隊長であったマルケットのモテトゥス《幸いあれ天の女王よ Ave Regina celorum ／汚れなき母よ Mater innocencie ／イテ・ミサ・エスト Ite missa est》であった。[10]

ただしかれが『ポメリウム』を執筆した際、シファンス・ダ・フェラーラという名のドミニコ会の修道士に助力を仰いだことが知られている。察するに世紀の変わり目におけるフランスの音楽理論をマルケットに伝えたのは、この修道士だったのではあるまいか。

実践的な音楽家であるマルケットとしては、自分が作曲し、また演奏を指導している音楽に関して、理論的な裏付けをしたかったのではなかろうか。そしてそのために博学な修道士シファンスの助けを借りたのではなかろうか。そのように考える時、この著作に見られる具体的、かつ現実的な態度は十分納得できるものである。

それではそのようにして理論づけられたトレチェント音楽の記譜法とは、一体どのようなものであったのであろうか。現存する手書きの楽譜の実例を参照しながら、その基本をまとめてみることとしよう。

トレチェント音楽の記譜法

トレチェント音楽においても、ロンガ（■）とブレヴィス（■）の関係は、アルス・ノヴァのそれとほぼ同じである。つまり完全分割（三分割）と不完全分割（二分割）の場合があるが、それを見定めるのはさしてむずかしいことではない。

問題はブレヴィス（■）をセミブレヴィス（◆）に分割する時に起こる。ただしその場合もアルス・ノヴァのように、さまざまな分割方法によるメンスーラを規定する、というような面倒臭い方法は取らない。ごく単純にブレヴィスをいくつに分割するかを初めから決めておく。そしてこの曲はこの分割、あの部分はあの分割というように示しておく。

分割の方法は大きく分けて二種類に分類される。すなわち三分割と二分割である。そのようにして得られた音符はすべてセミブレヴィスである。そのセミブレヴィスをそれぞれ二分割、三分割、四分割することによって、さらにそれぞれ三通りの分割方法が生み出される。ただしそのようにして生じた短い音符もすべてはセミブレヴィスとみなされる。

こうして全体で八通りの分割方法が生じ、そのそれぞれに特定の名称が与えられる。そしてその名称を、手写譜によってはアルファベット一文字で表示して、誤解のないように配慮する場合も多い（図5）。

三分割系の分割法には、次の四種類がある。

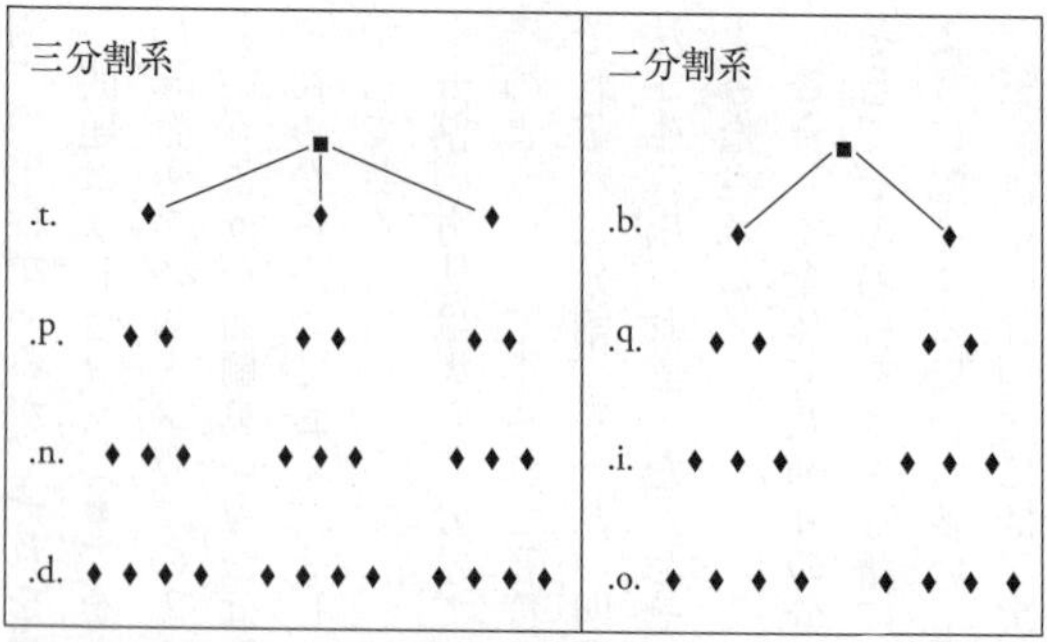

図5　トレチェントの音譜の分割法

単純な三分割はテルナリア ternaria と呼ばれ、.t.の文字によって表示される。さらに二分割した場合、六分割となり、セナリア・ペルフェクタ senaria perfecta と呼ばれ、.p.で表示される。

三分割して生じたセミブレヴィスをさらに三分割した場合は九分割となり、ノヴェナリア novenaria と呼ばれ、.n.で表示される。

三分割に続いて四分割した場合は十二分割となり、ドゥオデナリア duodenaria と呼ばれ、.d.で表示される。

一方、二分割系の分割法には、次の四種類がある。

単純な二分割はビナリア binaria と呼ばれ、.b.で表示される。

さらに二分割した場合は四分割となり、クァテルナリア quaternaria と呼ばれ、.q.で表示される。

二分割の後、さらに三分割した場合は六分割となり、セナリア・インペルフェクタ senaria imperfecta と呼ばれ、.i.で表示される。

二分割に続いて四分割した場合は八分割となり、オクトナリア octonaria と呼ばれ、.o.で表示される。

分割の区切り目は、プンクトゥス・ディヴィジオニスによって明示される。つまり分割されたセミブレヴィスは、分割される前のブレヴィスごとに区分されるので、きわめてわかりやすい。ただし分割は常に平等というわけではない。不平等な分割が生じた場合、それは次のような規則にしたがって見分けられる。

もし不平等分割が生じた場合には、前の方の音符がより細かく分割される。たとえばオクトナリア（八分割）において、セミブレヴィスが七個続いた場合、最初の六個はブレヴィスの八分の一の長さとなるが、残る一個は四分の一となる（図6―1）。ところが同じオクトナリアで、セミブレヴィスが三個だけ並ぶと、前の二個がブレヴィスの四分の一となり、残る一個は半分となる（図6―2）。この場合には、ペルフェクタ一番気をつけなければならないのはセナリアである。

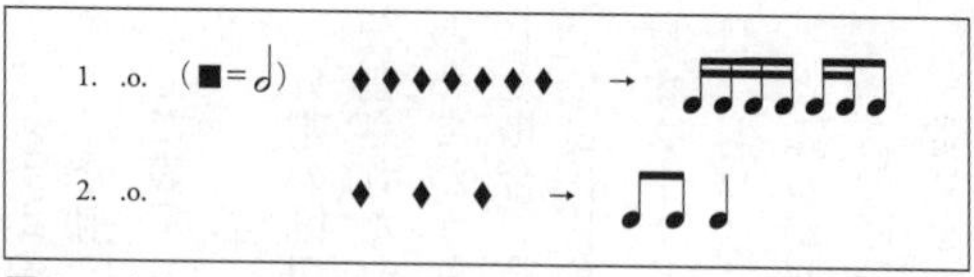

図6　オクトナリアの分割例

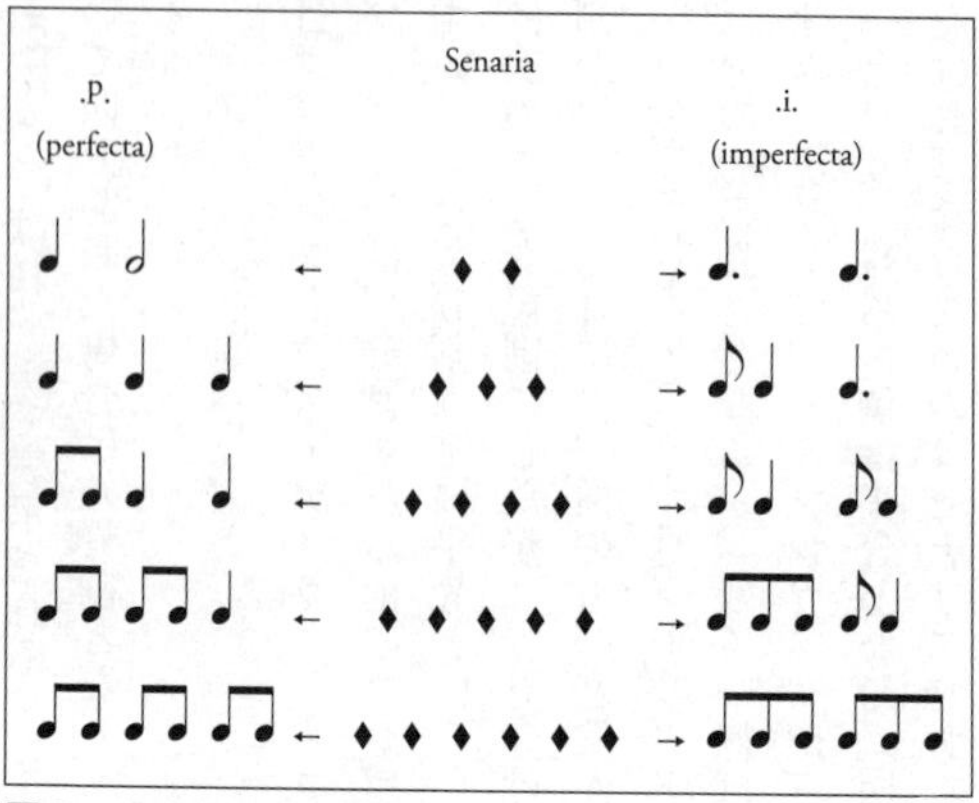

図7　セナリアの分割例

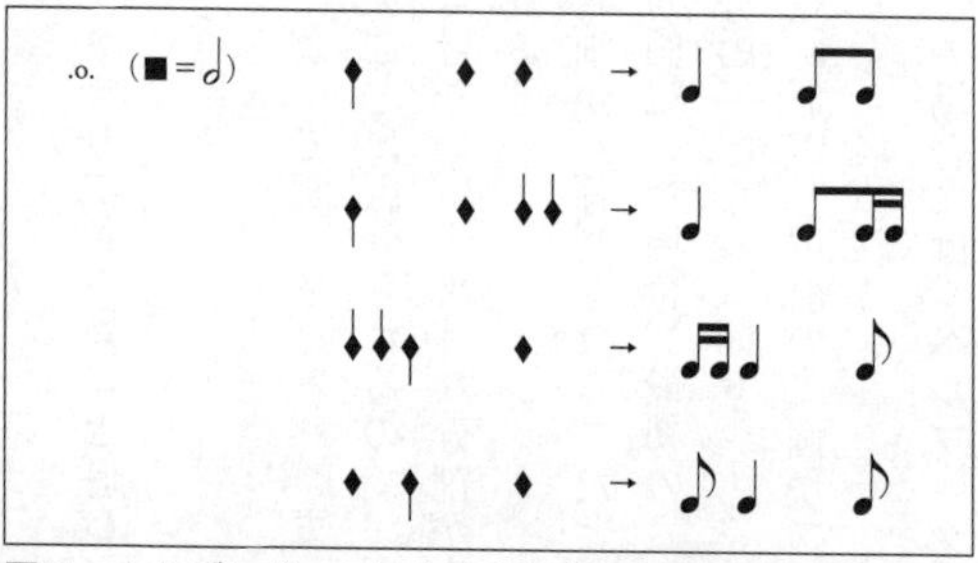

図8　セミブレヴィスによるさまざまなリズムの表示

か、インペルフェクタかによって、同じセミブレヴィスの連続でも、実際のリズムにかなりの違いが生じることとなる（図7）。

ところで不平等な分割において、長短のセミブレヴィスの並び方がより不規則となった場合はどう表示すればよいか。その場合は、同じセミブレヴィスであっても、比較的に長いものと短いものとを、音符の形によって区別しなくてはならなくなる。

その場合、標準的なセミブレヴィスは常に単純な菱形（◆）で表示される。そしてそれより短いものには上向きの尾（◆）をつけ、長いものには下向きの尾（◆）をつけて示す。こうしてさまざまなリズムの表示が可能となる（図8）。

《お、盲目の世界よ》と《恋人にとって》

とはいえこのような説明は実感が伴わないかもしれない。そこでひとつ、具体的な例で示すこととしよう。まず最初はヤコポ・ダ・ボローニャの二声のマドリガーレ《お、盲目の世界よ O cieco mondo》の冒頭の部分である（譜例3）[11]。

この曲がオクトナリア（八分割）で書かれていることは、しばしば上向きの尾を持った菱形が八個、連続的に現れることからも容易に理解される。あとはプンクトゥスによって区切られたセミブレヴィスの連続をどのように解釈するかという問題である。

同じ形をした音符も、プンクトゥスによる区切り方次第でかなりの変化を伴う。たとえば同じセミブレヴィスの連続でも、二個連続と四個連続では、前者の音符が二倍の長さを持つこととなる。ここにおいてもまた音符は計量されるのであって、定量ではない。

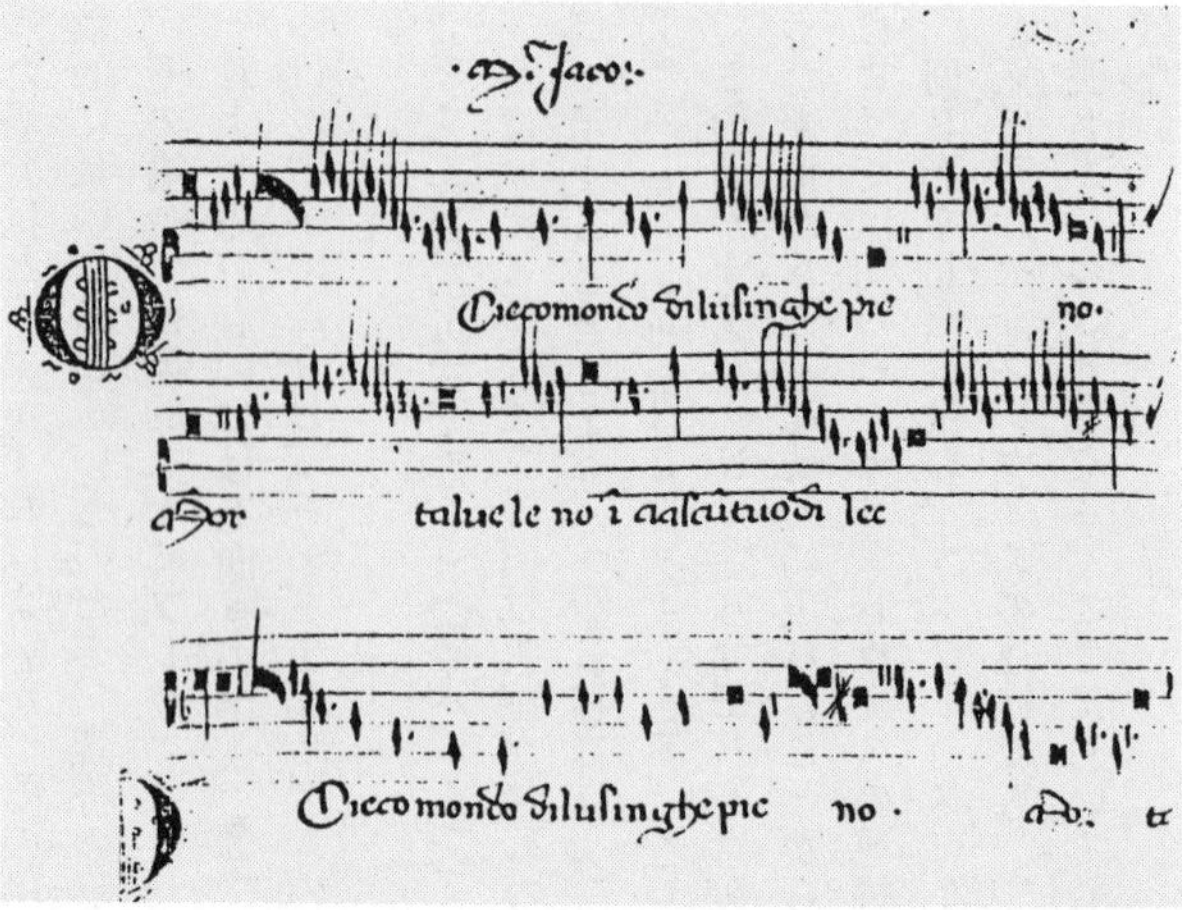

①

②

譜例３　《おゝ、盲目の世界よ》の例
原譜①
現代譜②

トレチェント音楽においては、音符の形を変えることによって異なる長さを表示するという規則が次第に多様化することとなる。たとえばヤコポ・ダ・ボローニャのマドリガーレ《恋人にとって》においては、特殊な形の音符を用いることによって、音符二個分のスペースに三個分の音符を挿入するという例が見られる（譜例4）[12]。要するにそれは、今日の三連音符とまったく同じ意味を持つことになる。

このようなトレチェント音楽の記譜法においては、アルス・ノヴァのような複雑なリズムを表記することは、しょせん不可能である。しかもいくら細かく音符を分割したとしても、結局はブレヴィス単位で点（プンクトゥス・ディヴィジオニス）によって区切られてしまうため、シンコペーションなどという新奇な手法を用いる余地もない。

ではその結果、一体何が得られるのであろうか。ブレヴィスをさまざまなやり方によって分割し、細かい音符の連続に置き換えた結果、得られるものは何であろうか。それは詰まるところ、装飾的な旋律の動きに他ならない。

すなわち極言するならば、トレチェント音楽の特徴は、基本的には主にロンガとブレヴィスの組み合わせによって創り出される単純な旋律の流れであって、あとはブレヴィスを分割することによって、いかに効果的に装飾を加えることができるかというところに、作品の真価がかかっているのである。

しかし考えてみると、そのような特徴こそが本来のイタリア音楽の真髄なのではな

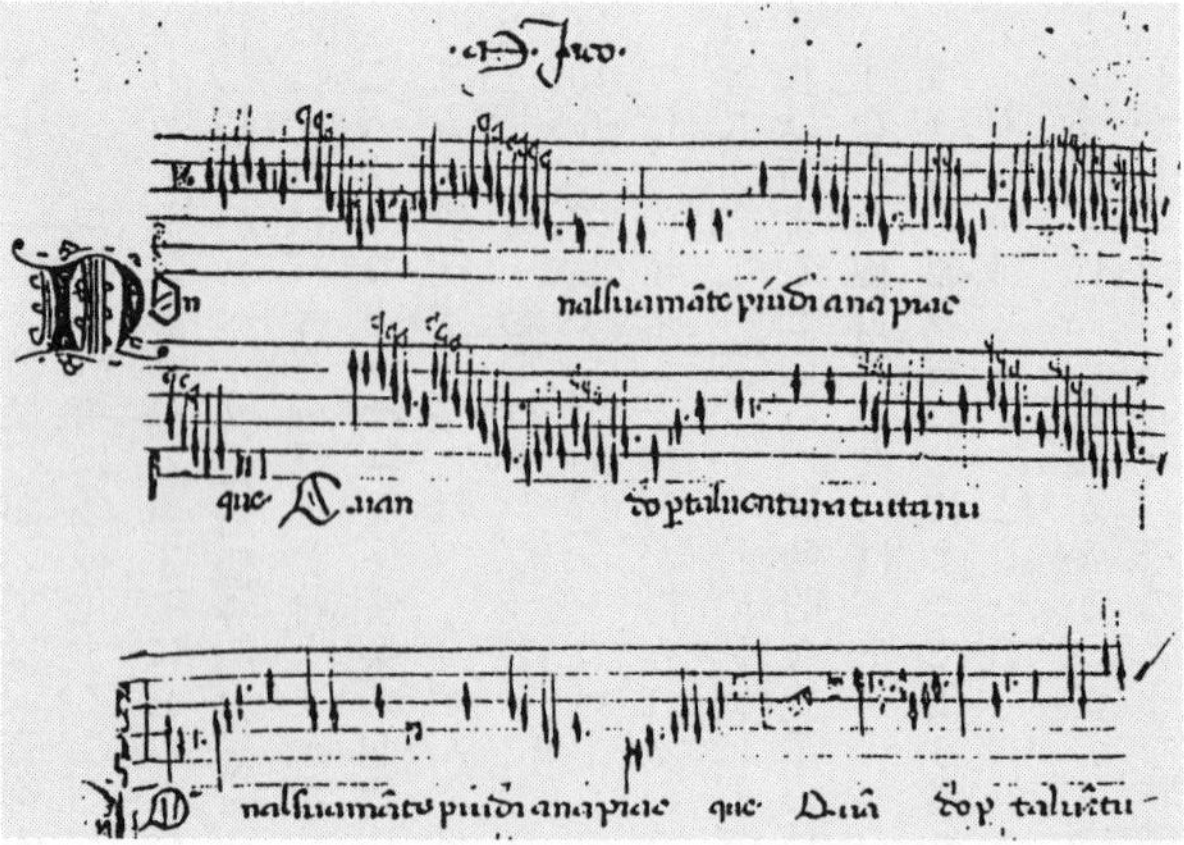

①

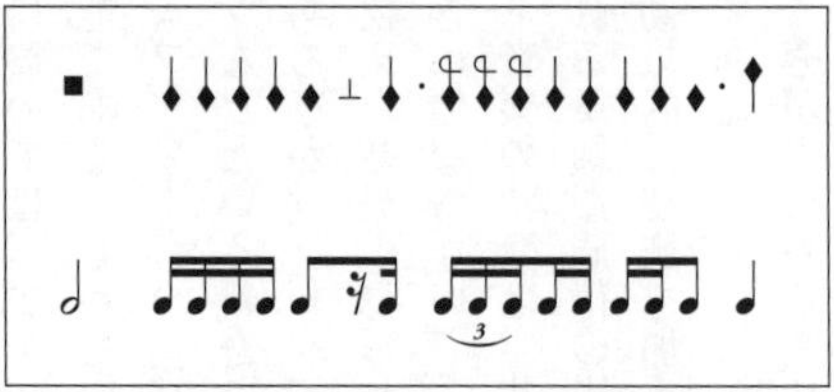

②

③

譜例 4　《恋人にとって》の例
原譜①
上声部の冒頭のリズム②
現代譜③

いだろうか。すなわちイタリア音楽ほど、言葉と旋律の結びつきを重視してきた伝統はない。いかに言葉を効果的に歌い上げるか、そのためにはどのような旋律の流れに乗って歌うべきか、そしてそれをさらに効果的にするためにどのような装飾を加えるべきか。

新しいリズムに対する華麗に装飾された旋律の流れ

アルス・ノヴァとトレチェント音楽。同じ時代に生みだされ、発展しながら、これほどまでに性格の異なる音楽がまたとあるだろうか。

六百年を経過した現代から振り返ってみる時、両者はいずれも聴き慣れない音楽であって、さほどその差を感じないかもしれない。また両者の楽譜を見比べてみた時、一見したところさほど変わった書き方ではないように思われるかもしれない。しかしいったんじっくりと両者を詳しく比べてみる時、そこには根本的に異なる伝統、考え方、音楽に対する思い入れ方、基本的な哲学が存在することに気づく。しかもその違いには、予想以上に根深いものがある。そしてそれを具体的に探るためには、まず楽譜という手段を通しての音楽の表現の違いを見てみることが大切である。

アルス・ノヴァが、なぜフランス音楽にとって必要であったのか。それはアルス・ノヴァの音楽家たちが表現したいことが、それ以前のやり方では十分できなかったからである。そのためにメンスーラの体制を確立し、プンクトゥスのさまざまな用法や色付き符を工夫しながら、自分たちの表現の可能性を拡げていくことができたのである。

そしてその結果、得られたものは何であったのか。それは新しいリズムである。完全分割（三分割）と不完全分割（二分割）の可能性をさまざまに組み合わせながら、きわめて合理的ながら複雑なシステムによって、多種多様な形に生み出されたリズムである。

これに対して、トレチェントの音楽家にとっては、そのような新しい体制は必要でなかった。実はかれらが求めていた手段は、すでにアルス・アンティカの世界に存在していたのである。あとは自分たちの目的により適うように、修正すれば事足りたのである。

すなわちトレチェント音楽の記譜法は、基本的にはケルンのフランコが確立し、ペトルス・デ・クルーチェによって修正されたアルス・アンティカの方式の延長上にある。ブレヴィスの分割もセミブレヴィス止まりであるし、異なる分割を組み合わせての複雑なリズムのやり取りとも無縁である。

そこにはジャック・ド・リエージュが嘆いた「気まぐれ」も見当たらない。むしろ八通りの分割方法に限定することによって、ごくわかりやすい形に整理され、単純化されたのである。

つまり、イタリア音楽には「アルス・ノヴァ」は必要ではなかったのである。むしろ「アルス・アンティカ」のままのほうが、肌に合った。したがってトレチェント音楽は「イタリアのアルス・ノヴァ」などではない。言うなれば、「新しい形のアルス・アンティカ」であったのである。

その結果、得たものは何であったのか。他でもない、「華麗に装飾された旋律の流れ」であったのである。

アルス・ノヴァとトレチェント音楽の本質的違い

こうしてフランスのアルス・ノヴァはリズムにおいて、イタリアのトレチェント音楽は旋律において、音楽史に多大の貢献をしたわけである。それにしてもフランスのリズムに対するイタリアの旋律という組み合わせには根深い伝統が感じられる。これは決して偶然のなりゆきなどではない。

これは私が大学院の学生としてアメリカの東海岸で学んでいた頃の話になるが、ある時古楽を学ぶ学者仲間たちが息抜きに、パーティーを開いたことがある。中世、ルネサンス、バロックと、さまざまな話題に花が咲いたのち、議論は十六世紀の世俗音楽の地方による様式的な違いに及んだ。

その時、学者の卵のひとりが一段と声を上げて、次のような発言をした。

「だいたいイタリア人とフランス人では、持って生まれた性格が違うよ。フランス人に何かやってみろと言ってごらん。絶対に踊り出す。だけどイタリア人は踊りはしない。大きな声で歌いまくること、必定だ。」

それを聞いて、全員大笑いとなり、議論もそれで打ち切られてしまった。しかし私の心を動かしたのはかれの言葉だけではない。それもあったが、それよりも強く私の印象に残ったのは、大いに笑いころげている中にフランス人やイタリア人の友人たちも含まれていたことである。しかもかれらは誇らしげでさえあった。

フランス人はリズムに浮かれ、イタリア人は歌うのが好き、などという大ざっぱな一般論をここで繰り広げる気は毛頭ない。ただし十四世紀の音楽に限って言えば、リズムと旋律の違いが、当時のフランスとイタリアの音楽の様式的違いの重要な鍵となっていることは間違いないのではなかろうか。

アルス・ノヴァとトレチェント音楽は、このように本質的に違う伝統と性格を持っているのである。

エピローグ――ルネサンス音楽への道

フランスとイタリアの交流の果実

アルス・ノヴァとトレチェント音楽はその後どうなったのか。そして中世音楽のその後の展開は。またフランス、イタリア以外の国ではどのような音楽が発達していたのか。そして音楽史全体の流れはどの方向にむかっていたのか。

これらきわめて興味深い問題を詳しく取り上げるには、いま一層の時間と紙数が必要である。そこで残念ながらそれはまたの機会に譲《ゆず》らなければならない。そのかわりここではごく簡単に、この後どのようなことが起こったのかということを述べておきたい。

十四世紀も後半に入ると、アルス・ノヴァとトレチェント音楽は互いに徐々にではあるが影響を及ぼし合うようになる。たとえばフランチェスコ・ランディーニの作品の中には、とくにリズムや曲の構成などの面において、フランスの影響ではないかと思われる特徴がしばしば見受けられるようになる。

一方フランスにおいてはマショーの死後、その弟子たちがトレチェント音楽の要素も取り入れて、ますます洗練された複雑な様式を発展させるようになる。かれらがイタリアから取り入れた技法には、たとえば音符の形をさまざまに変えることによって、さらに新しいリズムを探究することがあった。[1]

こうして十四世紀の終わりから十五世紀の初めにかけて、フランスとイタリアの交流の果実として、音楽史上まれに見る複雑な音楽様式が展開されることとなる。この極端に知的な特徴を顕示した音楽様式を、かつてはアルス・ノヴァ後期とみなして論じるのが常であったが、最近ではとくに「アルス・スブティリオール Ars subtilior」の名で呼ぶことが定着しつつある。

この「アルス・スブティリオール」という名称は、実は中世以来の用語ではない。当時の作曲家のひとりであるフィリップス・デ・カセルタ Philippus de Caserta が書いたのではないかといわれる理論書の中に見られる「繊細優雅な subtilis」という表現を借用して、この音楽様式の研究家であるウルスラ・ギュンター教授が考案した現代語である。

ギュンターの主張によれば、マショーの死を境に、フランスの音楽はより複雑な様式に急速に傾いていった。それはアルス・ノヴァの範囲をはるかに越えて発達していった。したがってこの新しい展開をアルス・ノヴァに含めるのは好ましくない、というものである。

今日の音楽学においてはギュンターの主張がほぼ一般的に受け入れられている。したがってアルス・ノヴァはマショーの死で終焉したものと考え、その後の弟子たちの動きをこの新しい用語で呼ぶことが最近の傾向となっている。[2]

アヴィニョンとイングランド

このアルス・スブティリオールという知的音楽活動の舞台のひとつとなったのは、皮肉にも教会紛争の結果知識人の交流の場となったアヴィニョンの教皇庁であった。そもそもアヴィニョンの宮廷には、ヴィトリ自身も王の使者として訪れたことはすでに述べた通りである。

とくに一三七八年に教会大分裂が始まって以後のアヴィニョンには、数多くの音楽家たちが各地から集まって来たことが知られている。その中にはジャン・シモン・アスプロワ Jehan Simon Hasprois やジャン・オークール Jehan Haucourt などのフランス人とともに、フィリップス・デ・カセルタやマッテオ・ダ・ペルージャ Matteo da Perugia のようなイタリア人も活躍していたことが知られている。

このような国際交流の影響もあって、アルス・スブティリオールの技巧的な様式には、ますます磨きがかかっていくことになる。そして終いには、ハート形や円の形の

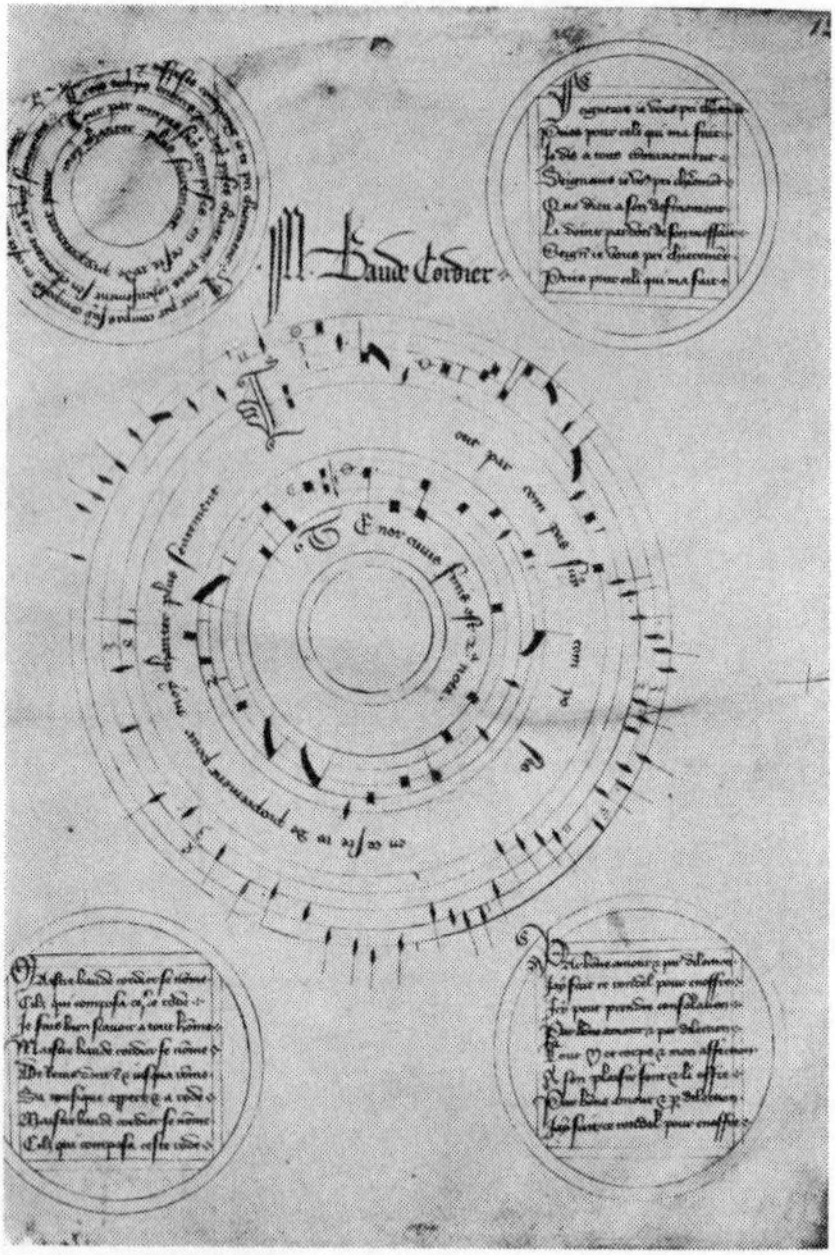

図１　円型の楽譜
（Chantilly, Musée Condé, Ms. 564, fol. 12）

楽譜（図１）を工夫した、ボード・コルディエ Baude Cordier のような作曲家が出現するまでに至ったのである。

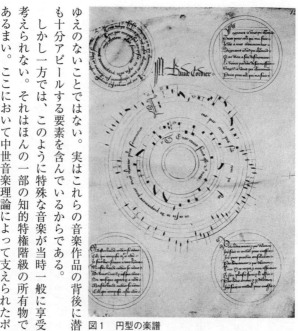

　こうした極端に高度な理論に基づく様式が、今日の聴衆の関心を改めて集めているのはゆえのないことではない。実はこれらの音楽作品の背後に潜む知的思考は、現代人にも十分アピールする要素を含んでいるからである。

　しかし一方では、このように特殊な音楽が当時一般に享受されていたとはとうてい考えられない。それはほんの一部の知的特権階級の所有物であったことはほぼ間違いあるまい。ここにおいて中世音楽理論によって支えられたポリフォニー音楽は、極限に達したのである。次に期待されるのは、新しい動きの出現を待つことであった。目を外に向ければ、そのような新しい時代の兆候は、すでに十四世紀末の時点で少しずつ見え始めていた。

たとえばイングランドは、ノートルダム楽派やアルス・アンティカ初期の音楽が伝えられていたものの、それ以後は独自の道を歩むことを選んだ。その結果即興によるポリフォニーの演奏が発達し、理論ではなく、耳を頼りとした音作りが発展した。

そのように独自の道を歩んだイングランドの音楽は、アルス・ノヴァやトレチェント音楽に比べれば遥かに単純で、プリミティヴなものであったかもしれないが、一方では大陸の音楽には見られない独特の響きを生み出す結果となった。

その独特の響きが、十五世紀の初めに大陸で活躍する音楽家たちの耳に入った時、それは驚きをもって迎えられた。かれらがかつて耳にしたことのない響きであったからである。それを十五世紀の理論家や詩人は、「甘美《かんび》な響き」と表現した。そしてそれが新しい音楽様式の形成に大きく貢献したことは、かれらも証言しているところなのである。

このようにより現実的な動きは、他の地域でも発展していた可能性がある。たとえばイタリアではわれわれが「トレチェント音楽」と呼んでいるレパトリーの他に、より大衆的で単純な音楽が盛んであったことはまず間違いない。

なかでもラウデと呼ばれる宗教的色彩の濃い流行歌は、十三世紀以後急速にその人気を集めつつあった。そしてやがてポリフォニーでも歌われるようになるが、すでに十四世紀に即興的に多声様式で盛んに歌われていた可能性も十分考えられる。

中世音楽の終焉

さらに音楽教育の熱心な地域においては、理論よりも実践を重要と考える音楽家たちを生み出す基礎が固められつつあった。その代表的な例が、今日の北フランスからベルギーにかけてのいわゆるフランドル地方である。とくにその東北端にあたるリエージュが、中世を通じて音楽教育のメッカであったことはすでに述べた通りである。十四世紀の終わりから十五世紀前半にかけて、フランドル地方出身の音楽家たちがヨーロッパ各地で国際的に活躍するようになる。かれらはかれらが学んだ伝統的な音楽を各地に伝えるとともに、行く先々の音楽の特徴を吸収して、さらに新しい音楽様式を生み出す道を開いたのである。

そのような音楽家の代表のひとりが、ヨハネス・チコニア Johannes Ciconia（一三七〇頃〜一四一二）である。かれはリエージュに生まれ、十四世紀後半にはイタリアに渡り、チェゼーナ、フィレンツェ、ピサ、アッシジ、ナポリなどを巡り渡った後、北イタリアに定住してパドヴァでその生涯を終えている。

かれをはじめとするフランドルの新しい世代の作曲家たちは、音楽理論を離れて、より実用的な作品を書くことを心掛けるようになった。とはいえ、中世ポリフォニーの伝統を、完全に捨てたわけではない。むしろ学ぶべきところは学び、受け継ぐべきところは受け継ぎながら、より現実に即した新しい様式を開拓することに専念したのである。

ここに至って中世音楽の終焉《しゅうえん》は目に見えていた。あとは新しい時代の到来を待つばかりであった。そしてそのような期待に応えるように、ひとりの偉大な音楽家が出現する。その名をギヨーム・デュファイ Guillaume Dufay（一四〇〇頃〜七四）と言った。

十五世紀最大の音楽理論家ティンクトリスも証言するように、この新しい指導者の手によって音楽史の新しい時代が展開することとなった事実には疑う余地もない。それをルネサンス音楽と呼ぶかどうか、それは改めて論じる価値のある重要な問題である。

注および参考文献

プロローグ

1. グレゴリオ聖歌に関する最も標準的な参考文献には、Willi Apel, *Gregorian Chant* (Bloomington Ind.: 1958; 3rd ed., 1966) がある。その他の文献、及びアンブロジオ聖歌、モザラベ聖歌などに関する文献は、*The New Grove Dictionary of Music and Musicians*（以下 *NGDM* とする）が詳しい。日本語版の『ニューグローヴ世界音楽大事典』では、別巻2にまとめて収録されている。

2. ヒリアーのこの考え方は、かれ自身の指揮による演奏を収録したCD（日本ではポリドールから『ペロティヌス（ペロタン）作品集』JOOJ-20357として発売された）のために書いた解説（七～十一頁）の中で述べられている。

第一章

1. マルティアヌス・カペッラの『フィロロギアとメルクリウスの結婚 *De nuptiis Philologiae et Mercurii*』の現代校訂版には James Willis (ed.), *Martianus Capella* (Leipzig: Teubner

Verlagsgesellschaft, 1983）がある。この著作は九巻から成るが、序論にあたる冒頭二巻に続いて、それぞれの巻で順にグラマティカ（文法）、ディアレクティカ（弁証法）、レトリカ（修辞学）、ジオメトリカ（幾何学）、アリスメティカ（算術）、アストロノミア（天文学）、ハルモニア（音楽的調和）が論じられている。ちなみに題名のフィロロギアは学識、または文献解釈を意味し、メルクリウスは使いの神であるとともに、雄弁の神でもある。

2. フクバルドゥスの『音楽論』の最新の校訂版には、Y. Chartier, *L'œuvre musicale d'Hucbald de Saint-Amand*（Ottawa: Bellarmin, 1995）がある。

3. グイードの作といわれるこの有名な韻文は、皆川達夫の名訳とともに原文が中世ルネサンス音楽史研究会訳のヨハネス・ティンクトリス『音楽用語定義集』（東京：シンフォニア　一九七九）五八〜五九頁に収録されている。

4. 以下に記述する中世大学の起源と歴史に関しては、主として下記の三つの文献を参考とした。

Hastings Rashdall, *The Universities of Europe in the Middle Ages*, in 3 vols. (Oxford University Press, 1895; a new edition by F. M. Rowicke & A. B. Emden, 1936).（邦訳：ラシュドール『大学の起源』横尾壮英訳　東京：東洋館出版社　一九六六　全三巻）

Stephen d'Irsay, *Histoire des universités françaises et étrangères des origines à nos jours*, in 2 vols. (Paris: Editions Auguste Picard, 1933-35).（邦訳：ステファン・ディルセー『大学史』池端次郎訳　東京：東洋館出版社　一九八八　全二巻）

Stephen Ferruolo, *The Origins of the University: the Schools of Paris and their Critics, 1100-1215* (Stanford: Stanford U. P., 1985).

5. 中世の大学において、ボエティウスの『音楽教程』は全体ではなく、最初の二巻だけが学ばれていたことはまず間違いはない。これに関してはたとえば Jacques de Liège, *Speculum musicae*, Corpus scriptorum de musica（以下 CSM とする）3, ii, p. 136 が参考となる。

第二章

1. ボエティウスの著作に関しては、ここでは『算術教程』と『音楽教程』、および偽作とされる『幾何学教程』を含む、下記のフリートラインによる現代校訂版を用いた。

Godofredus Friedlein (ed.), *Anicii Manlii Torquati Severini Boetii: de institutione arithmetica, libri duo; de institutione musica, libri quinque* (Leipzig: 1867; reprinted ed., Frankfurt a. M., 1966).

以下におけるボエティウスの引用は、すべてこの Friedlein 版によって示すこととする。また下記のバウアーズによる英訳の『音楽教程』も、大いに参考とさせていただいた。

A. M. S. Boethius, *Fundamentals of Music*, trans. by Calvin M. Bowers, and ed. by Claude V. Palisca (New Haven & London: Yale University Press, 1989).

2. 以上四つの引用は、Friedlein, pp. 178-180 より。

3. Friedlein, p. 187.

4. Friedlein, pp. 187-189.

5. 古代ギリシャの数比論に関しては、前述ティンクトリス『音楽用語定義集』の巻末に付された「ルネサンス音楽への手引き」の、永田仁による「第二章　数比論」（『音楽用語定義集』一〇三〜一〇九頁）に、簡潔明快な説明が見られる。
6. 筆者自身による「第一章　音程と音律」（ティンクトリス『音楽用語定義集』九七〜一〇二頁）に、より詳細な説明をしておいた。
7. Friedlein, pp. 205-206.
8. 後年になって音高と星座の関係を論じた著名な学者としては、ケプラー Johannes Kepler（一五七一〜一六三〇）がいる。かれの『世界の調和 Harmonices mundi』(Linz: 1619) は、主としてピュタゴラスとプラトンの説を支持して論じられている。
9. Friedlein, pp. 223-225.
10. Friedlein, p. 260.
11. Friedlein, pp. 278-279.
12. アリピオスの『音楽入門 Eisagôgê mousikê』はすでに十七世紀に知られるところとなり、ジョン・ホーキンスの『音楽通史』（一七七六）においても、巻末の音高記号表を含めての説明がある。さらに完全な原文は一八九五年フォン・ヤーンが出版した『ギリシャ音楽論文集』に収録された。最近もこの著作を論じた例は少なくないが、最も標準的な説明には「新オクスフォード音楽史」シリーズに含まれたヘンダーソンの説明がある。以下にこれらの代表的な参考文献を示す。

John Hawkins, *A General History of the Science and Practice of Music* (London: 1776; reprinted ed. by Novello, 1853; modern reprint by Dover, 1963), p. 18 & pp. 942-943.

K. von Jan (ed.), *Musici scriptores graeci* (Leipzig: 1895-96; reprint 1962), pp.357-406.

Isabel Henderson, "Ancient Greek Music: the Notation", *New Oxford History of Music*, i (1957), p. 358.

13. Friedlein, pp. 352-355.

14. マギステル・ランベルトゥスの『音楽論』は、偽アリストテレス作として、下記に示すクスマケールの『中世音楽文書』(一般にCSの略号で示される)に収録されている。

E. de Coussemaker, *Scriptorum de musica medii aevi* (Paris: 1864; reprint Hildesheim, 1963), vol i, pp. 251-281.

問題の部分はCS, i, 253に見られる。

15. グイードの『ミクロログス』の現代校訂版は下記の通り。

Guidonis Aretini, *Micrologus*, ed. J. S. van Waesberghe, CSM 4 (Roma: American Institute of Musicology, 1955).

なおこの著書の日本語訳とその出版が、中世ルネサンス音楽史研究会によって予定されている。

16. 『ミクロログス』の現代校訂版(CSM 4, p. 233)。

17. グロケイオの『音楽技芸論』の現代校訂版は下記の通り。

Ernst Rohloff (ed.), *Die Quellenhandschrifen zum Musiktraktat des Johannes de Grocheio* (Leipzig: VEB

Deutcher Verlag, 1972).
なおこの著書の日本語版は中世ルネサンス音楽史研究会によって完成され、『音楽論』として二〇〇一年に春秋社より刊行された。

第三章

1. 現代版は、M. Gerbert, *Scriptores ecclesiastici de musica sacra i* (St. Blasien: 1787; reprint 1963), pp. 152-212（このゲルベールの著書は一般に、GS の略号で示されている）。また英語による全訳には、C. V. Palisca によるイントロダクション付きの、R. Erickson (tr.), *Musica Enchiriadis and Scolica Enchiriadis* (New Haven: Yale University Press, 1995) がある。
2. 現代譜が、Otto Hamburg, *Muziekgeschiedenis in Voorbeelden* (Wilhelmshaven: 1978), no.4 として収録されている。徳永隆男と戸口幸策の共同によるその日本語訳は、『五線譜でたどる音楽の歴史』としてアカデミア・ミュージック社（一九八二）から出版されている。
3. より詳しくは、Helmut Hucke による *NGDM* の “Gregory the Great” の項目 (vii, p. 699) を参照のこと。
4. 聖歌における計算リズム論として代表的なものにはペーター・ヴァーグナーの著作がある。ヴァーグナーは、その主著 *Einführung in die gregorianischen Melodien*, in 3 vols. (Fribourg: 1895; Leipzig: 1905-21; reprint ed., 1962) を書き始めた段階では聖歌の自由なリズムを容認していたが、論文 “Zur Rhythmik der Neumen”, *Jahrbuch der Musikbibliothek Peters* (1910), p. 13 以後、

聖歌のリズム論を提唱するようになった。なお、計量リズムによるグレゴリオ聖歌の演奏は、John Blackley 指揮による Schola Antiqua のもの（CDは“L'oiseau-lyre”）が知られている。

5. これらの資料に関しては、Lawrence Gushee が *NGDM* の“Musica enchiriadis”の項目（xii. pp. 800-802）で、説明している。また英訳に関しては注1参照。

6. オルガヌムの語源に関しては数多くの著作において論じられているが、その詳細なリストが *NGDM*, xiii, pp. 809-810 に示されている。またオルガヌムとオルガンの比較に関しては、H. Husmann による *MGG (Die Musik in Geschichte und Gegenwalt)* の“organum”の項目を参照のこと。

7. 現代譜は、*HAM*（A. T. Davison & W. Apel,（eds.）*Historical Anthology of Music* [Cambridge, 1957]）i, p. 22をはじめ数多くの音楽史のアンソロジーに収録されている。

8. CSM 4（AIM, 1955）, pp. 196-227.

9. Ch. Meyer, “La tradition du Micrologus de Guy d'Arezzo”, *Revue de Musicologie*, 83（1997）, pp. 8-31 には九十五の手稿が示されている。

10. 現代版には次の著作がある。

Jay A. Huff（ed.）, *Ad organum faciendum & item de organo*, “Musical Theorists in Translation”, vol. 8 (Brooklyn, NY: the Institute of Medievael Music, n.d.).

H. H. Eggebrecht, and F. Zaminer（eds.）, *Ad organum faciendum: Lehrschriften der Mehrstimmigkeit in nach guidonischer Zeit*（Mainz: Schott, 1970）.

11. アレルヤ唱《正義は棕櫚のごとく》の現代譜は、W. T. Marrocco & N. Sandon, *The Oxford Anthology of Music: Medieval Music*（Oxford: 1977）, p. 86 に、《全能なる父なる神よ》は *HAM*, i, p. 22 に収録されている。

12. Cambridge: Corpus Christi College, Ms. 473.

13. パリ国立図書館蔵、Ms. lat. 1139, Ms. lat. 3549, Ms. lat. 3719 および大英図書館蔵、Ms. Add. 36881.

14. *NGDM*, xvi, p. 398（"St. Martial" の項目内）に見られる Sarah Fuller の主張がその代表的なもの。

15. たとえばそのような試みは、Theodore Karp, *The Polyphony of Saint Martial and Santiago de Compostela*, in 2 vols.（Oxford: Clarendon Press, 1992）に見られる。

第四章

1. パリのノートルダム大聖堂とその音楽に関しては、最近クレイグ・ライトによる極めて優れた研究が発表されている。ここで述べるノートルダムとその音楽に関する記述は、ライトの著書によるところが大きい。詳しくは Craig Wright, *Music and Ceremony at Notre Dame of Paris 500-1550*（Cambridge. 1989）を参照のこと。

2. これらの引用は、Ian Bent, "Perotin", *NGDM*, xiv, p. 540 に見られる。

3. CS, pp. 327-364. ただし、より最近次のような現代校訂版が出たので、ここではそれにもとづいている。
Fritz Reckow, *Der Musiktraktat des Anonymus 4* (Wiesbaden: 1967), in 2 vols.

4. Reckow, i, p. 46.
5. Firenze: Biblioteca Mediceo-Laurenziana, Ms. Plut. 29. I.
6. W_1は Wolfenbüttel: Herzog August-Bibliothek, Ms. Helmstedt 628 (Heinemann catalogue 677)。一方W_2は同図書館、Ms. Helmstedt 1099 (Heinemann catalogue 1206)。
7. これ以下の記述に関しては、Wright, *Music and Ceremony*, p. 273 以下を参考にして書いた。
8. Wright, *Music and Ceremony*, p. 276.
9. Margot Fassler, "Who was Adam of St. Victor?", *Journal of American Musicological Society*, xxxvii (1984), pp. 233-269.
10. Wright, *Music and Ceremony*, p. 278.
11. Craig Wright, "Leoninus, Poet and Musician", *Journal of American Musicological Society*, xxxix (1986), pp. 1-35.
12. Wright, *Music and Ceremony*, p. 291.
13. ヨハネス・デ・ガルランディアの『計量音楽論』の現代校訂版には、Johannes de Garlandia, *De mensurabili musica*, ed. by F. Reimer (Wiesbaden: 1972) がある。
14. アウグスティヌス『書簡 Epistola』一〇一頁。
15. アウグスティヌス『音楽論』第二巻、第八章、一五頁。

16. たとえば、Sarah Fuller, *The European Music Heritage*（np., nd.）はその例。

17. Dom Anselm Hughes（ed.）, *The New Oxford History of Music, II: Early Mediaeval Music up to 1300*（London: 1954; rev. 1955）, pp. 304-306 に、二通りの全曲の現代譜付きで説明されている。またこの曲のリズムの解釈に関しては、Carl Parrish, *The Notation of Medieval Music*（New York: 1957）, pp. 68-72 にも詳しい論議が見られる。

18. H. Husmann, “St. Germain und Notre Dame”, *Natalicia musicologica Knud Jeppesen*（Copenhagen: 1962）, p. 31 および “The Enlargement of the ‘Magnus liber organi’ and the Parrish Churches St. Germain l’Auxerrois and Ste. Geneviève-du-Mont”, *Journal of American Musicological Society*, xvi（1963）, pp. 176-203.

第五章

1. 詩をも含めてのアダンの全集としては、従来次の著作がよく知られている。E. de Coussemaker,（ed.）*Œuvres complètes du trouvère Adam de la Halle (poésie et musique)*（Paris: 1872; reprint Ridgewood, NJ: 1965）.

ただし音楽作品の全集には、次の現代版がある。N. Wilkins,（ed.）, *The Lyric Works of Adam de la Halle*, “Corpus mensurabilis musicae”（以下 CMM とする）, 44（1967）.

2. この作品は、Coussemaker, p. 239 および Wilkins, p. 60 に含まれている。

3. このロンドーは、Coussemaker, p. 215 および Wilkins, p. 52 に含まれている。

4. ここに取り上げられた手写譜のそれぞれに関しては、以下の著書、または現代版がある。

『モンペリエ手写譜』

Yvonne Rokseth, *Polyphonies du XIIIe siècle: le manuscrit H 196 de la Faculté de médecine du Montpellier.* (Paris, 1935-39).

E. Apfel, *Anlage und Struktur der Motetten im Codex Montpellier* (Heidelberg: 1970).

『ラス・ウエルガス手写譜』

Higini, Anglès, (ed.), *El còdex musical de las Huelgas* (Barcelona: 1931; reprint, 1977).

Gordon A., Anderson, (ed.), *The Las Huelgas Manuscript*, CMM 79.

『バンベルク手写譜』

Pierre. Aubry, *Cent motets du XIIIe siècle, publiés d'après le manuscrit Ed. IV. 6 de Bamberg* (Paris: 1905; reprint, 1964).

Gordon A. Anderson, (ed.), *The Composition of the Bamberg Manuscripts*, CMM 75 (1976).

『トリノ手写譜』

Antoine Auda, *Les motets wallons du manuscrit de Turin: Vari 42* (Brussels: 1953). ファクシミリ版。

『ラ・クライェット手写譜』

Gordon A. Anderson, (ed.), *Motets of the Manuscript La Clayette*, CMM 68 (1975).

5. 以下の記譜法の説明に関しては次の著作が詳しい。

Willi Apel, *The Notation of Polyphonic Music 900-1600* (Cambridge, Mass.: the Medieval Academy of America, 1942). フランコ式記譜法に関してはこの著作の三一〇頁以後に詳しく解説されている。

なおこのアペルの著作に関しては、東川清一による抄訳が春秋社より『ポリフォニー音楽の記譜法』として一九九八年に刊行された。

Carl Parrish, *The Notation of Medieval Music* (New York: W. W. Norton Co., 1957; reprint, New York: Pendragon Press, 1978).

6. ランベルトゥスの『音楽論』については、第二章、注14に詳しく述べた。

7. ケルンのフランコの『計量歌唱法』の現代校訂版は次の通り。Gilbert Reaney, and Gilles Andre, (eds.), *Franconis de Colonia: Ars cantus mensurabilis*, CMM 18 (1974).

なおこの著作の皆川達夫による日本語訳が、「ケルンのフランコ著『計量音楽論』全訳」として、『音楽学』36（一九九〇）、一二六～一三九頁に掲載されている。

8. 『ラス・ウエルガス手写譜』のf. 32より。

9. 『ラス・ウエルガス手写譜』のf. 114vより。

10. 『バンベルク手写譜』のf. 52vより。Apel, *The Notation*, p. 305にもファクシミリによる譜例60として載せられている。

11. 『トリノ手写譜』のf. 14より。Heinrich BesselerとPeter Gülke共著の『多声音楽の記譜法』（「人間と音楽の歴史」第Ⅲシリーズ：「中世とルネサンスの音楽」第5巻、音楽之友社、一九八五年)、五二〜五三頁に、解説付きで、曲の前半が写真版で載せられている。
12. 『アルス・ノヴァ』が、実はフィリップ・ド・ヴィトリの著作ではなく、短い論文を集めたものに過ぎないのではないかという議論は、一九八五年にサラ・フラーが発表した論文(Sarah Fuller, "A Phantom Treatise of the Fourteenth Century? The *Ars Nova*", *The Journal of Musicology*, 4 [1985-86], pp. 23-50) を契機として盛んに論じられてきた。筆者としても、フラーの説は極めて説得力のあるものと考えるが、それに関して論じることは、ここでは控えておく。したがってこれに関する議論はまたの機会に譲り、ここではヴィトリを『アルス・ノヴァ』の著者とする従来の説を前提に話を進めることとする。
なおこの理論書の現代版は、次の通り。
Gilbert Reaney, A. Gilles, and J. Maillard (eds.), *Philippi de Vitriaco Ars Nova*, CSM 8 (1964).
13. 「フィリップ・ド・ヴィトリ著〈アルス・ノヴァ〉全訳」中世ルネサンス音楽史研究会訳、『音楽学』9(一九七三)、三九〜五四頁。
14. 現代版は次の通り。
Roger Bragard, (ed.), *Jacobus Leodiensis, Speculum Musicae*, CSM 3 (1955-68).

第六章

1. ヴィトリの『アルス・ノヴァ』に関しては、第五章の注12を参照のこと。またヴィトリの作品には、次の現代版がある。

Leo Schrade (ed.), *The Works of Philippe de Vitry*, "Polyphonic Music of the Fourteenth Century" 1 (Monaco: 1956).

2. ジャンノ・ド・レスキュレル Jenannot de l'Escurel はパリの中産階級の出で、ノートルダム大聖堂に属する若い聖職者であったが、一三〇四年五月二十三日に背徳罪により絞首刑となった。その作品は、次の現代版によって今日に紹介されている。

N. Wilkins (ed.), *The Works of Jehan de l'Escurel*, CMM 30 (1966).

3. マショーの音楽作品の現代版には、次の二つが良く知られている。

F. Ludwig (ed.), *Guillaume de Machaut: Musikalischer Werke.*, (Leipzig: 1926-54; reprint, 1968).

Leo Schrade (ed.), *The Works of Guillaume de Machaut.*, "Polyphonic Music of the Fourteenth Century", pp. 2-3 (Monaco: 1956).

4. 『トゥルネーのミサ曲』には、次の現代版がある。

Charles van den Borren (ed.), *Missa Tornacensis.*, CMM 13 (1957).

5. 『計量音楽の書』は、クスマケールの『中世音楽文書』(CS, vol. 3, pp. 59-68) に収録されている。

6. 原典はパリ国立図書館蔵、Ms. fr. 22. 545, fol. 149.

7. 原典はパリ国立図書館蔵、Ms. fr. 9221, fol. 156.

8. トレチェント音楽の現代版として、最も権威のあるのは次の曲集である。

Nino Pirrotta (ed.), *Music of Fourteenth-century Italy*, in 5 vols. CMM 8 (1954-64).

ただしランディーニの作品集には、次の現代版がある。
Leo Schrade (ed.), *The Works of Francesco Landini*, "Polyphonic Music of the Fourteenth Century", 4 (Monaco: 1958).

9. 現代校訂版は次の通り。
G. Vecchi (ed.), Marcheti de Padva, *Pomerium*, CSM 6 (1961).

10. このモテトゥスの原典は、今日オクスフォード大学ボードレイアン図書館所蔵の古文書(Ms. can. class. lat. 112) の一部として保存されている。

11. 原典はパリ国立図書館蔵、Ms. ital. 568, fols. 5v-6.

12. 原典は同じく Ms. ital. 568, fols. 4v-5.

エピローグ

1. これら変形音符のさまざまに関しては、Apel, p. 450以下、およびParrish, p. 172に具体的な説明がある。

2. これらに関しては、Ursula Günther, "Das Ende der Ars Nova", *Die Musikforschung*, 16 (1963), p. 105以下を参照のこと。

あとがき

中世音楽には謎が多い。それを解くために新しい文献を読み、資料を調べてみると、さらに多くの謎に出会う。そうして謎は解けるどころか、さらに拡がっていく。

そんなことを繰り返していては、いつまでたっても本などは書けないぞということは、とうの昔にわかっていた。しかしそれでもペンをとると気が重い。一応学者の端くれである以上は、確実に実証出来ないうちに書いてしまうということには、罪悪感が伴う。

しかし一方では謎が多いからこそ、実態のつかめない部分については、こうだろうか、ああだろうかと、想像がふくらんで、今まで気がつかなかった世界に足を踏み入れたような気になる。

そのような世界は時として実に素晴らしく、自分だけで楽しんでいてはもったいないような気にもなる。しかしそこは学者根性の悲しさ、確実な証拠をつかんでいない以上、文字にすることは大いにはばかられる。

今回執筆にあたって、書きたいことは主に三つあった。ひとつは中世の大学で音楽が教養基礎科目に含まれていたと言われるが、果たしてその実態はどのようなものであったかということである。

次にそのような教育を受けた中世教養人の音楽的メンタリティーとは一体どのようなものであったか、ということ。そして最後に、そのようなメンタリティーがどのように動いた結果、ポリフォニー音楽が生み出され、発達していったかということ。

実はそのような主題を取り上げることを決心した動機には、さらに隠された個人的な理由があった。もともと私はルネサンス音楽を専門としている。それも特に、十五世紀前期におけるルネサンス音楽の起源に興味を持っている。

ところが、新しく起こった音楽の風潮を語るには、それ以前の音楽の本質をしっかりと理解しておく必要がある。そこで意を決して、中世の音楽教育とポリフォニー音楽の歴史をひとつ徹底的に勉強してみようという気になった。

ちょうどその時に講談社から本を書かないかというお誘いを受けた。実はこのような問題に今取り組んでいるのだがと言うと、それで良いという。頭の中には書きたいことがはっきりしていたのだから、すぐにでも書ける気でいたが、実際はそう簡単にはいかない。

すなわちそこで謎の壁に突き当たった。謎を解くため、あれを読み、これを調べているうちに時だけが経っていった。思えば出版社も、実によくも辛抱強く待ってくれたものである。

ついに意を決して、このようにまとめてみたが、謎の部分は謎のままである。それをどのように扱うべきか。これが学会の発表ならば謎のまま残すべきであろうが、それでは話の流れが途切れてしまう。

そこで今回は思い切って、このような可能性も考えられるという仮説を立てながら、推量の部分も大いに取り入れて謎の部分を埋めてみた。それがどの部分であるかは、読んでみればわかっていただけるものと思うが、そうすることによって中世の音楽家たちの心に少しなりとも近づけるものと考えてのことなので、お許しを願いたい。

今回の執筆にあたって、原稿の一部を読み、有益な提言と意見を寄せて下さった片山千佳子さんと西間木真さんに、特に謝意を表したい。現在日本における中世音楽理論の権威である片山さんには、特にボエティウスの章を読んでいただいた。

また現在パリに留学中の西間木さんには、現在地元における中世研究の傾向などを生で伝えてもらうことが出来て、大変に参考となった。研究熱心の彼はさっそくパリ大学周辺を歩きまわり、サン・ブノワ教会の跡地を確認したりしてくれた。行ってみるとソルボンヌの横のサン・ジャック通りの片隅に、「サン・ブノワ修道院跡」という史跡標が立っていたそうである。

そして最後に講談社選書出版部の園部雅一さんに心から感謝したい。彼の辛抱強さがなかったならば、この本は存在していなかったことであろう。

一九九八年一月　東京にて

金澤正剛

文庫版あとがき

この著書が出版されて、すでに十六年余りが経過した。その間、いつのまにか絶版になってしまったのだが、その後程なく熱心な読者から、何とか手に入らないかと直接のお問い合わせを頂戴するようになった。そのようなこともあろうかと、最初から献呈用の冊子を多めに蓄えておいたのであるが、それもそろそろ底をつくようになってしまって、さてどうしようかと思っていたところで、文庫本で出さないかというご提案を河出書房からいただいた。そこで渡りに舟とはこのことかと、有難く話を進めていただくこととした。

実はひとつの著作を発表すると、その後で必ずいろいろと後悔することになる。この部分はいささか書き足りなかった、こちらはこう書き直した方が良いのではないか、などなどと悩む。そこで今回も出来れば少し書き直そうかとも思ったのであるが、そうなると際限なく手を加えたいところが出来て、かなり異なる内容になってしまう可能性もあり、いつになったら書き終えるかの心配も大きい。そこで今回は書き直す誘惑をぐっとこらえて、なるべく元のままの内容で文庫として出すこととした。

ただし、一九九八年三月に出版して以来頂戴した読者からのご指摘やご意見を参考として、過ちや不適切な表現は直すとともに、文体も出来るだけ一体化するように努めた。これに関しては、以前国際基督教大学で私のもとで学び、卒業後国立国会図書館で仕事を続けている柳澤健太郎君に意見を求めたところ、柳澤君は改めて著書全体を読み直し、不適切な表現や文体の不揃いに関してまで極めて詳しく調べた上で報告してくれた。その努力に対し、この場を借りて心から感謝の念を表したい。

この文庫版を出版するにあたっては、河出書房の渡邊史絵さんと岩崎奈菜さんに大変お世話になった。実は文庫版になるということから、図版や譜例も小さくなって、読みづらくなるのではないかと心配したのだが、渡邊さんは、いや必ずしもそうではないので、なるべく見やすくするように工夫してみましょうと言って下さった。そこで大舟に乗ったつもりで、すべてをお任せすることにした。

今回文庫本になるということになって、自分でも一読者のつもりで読み返してみたが、特に終りに向かって早足となり、最後もなんだか充分書き尽くしていないようで、未解決のまま終わってしまったような印象が残るのが気になる。事実ある読者からは、特に最後のところがわかりにくいので、もっと丁寧に書き直して欲しいとの注文を頂戴した。また別の読者は、トルバドゥールやトルヴェールなど、中世歌人についてはごく簡単に触れてあるだけなので、物足りないとの苦情を頂戴した。そのようなご意見は著者にとって大変有難い。今後の執筆活動への参考にしたいと、心から感謝する次第である。

二〇一四年秋

金澤正剛

解説　建築から音楽、そして数学を考える

五十嵐太郎＋菅野裕子

中世の空間と時間

筆者二人はともに建築を専門としているが、建築と音楽の関係を考察したことから、共著で『建築と音楽』（NTT出版、二〇〇八年）を刊行した。とくに五十嵐は、一九九一年頃に修士論文の調査を進めていたとき、幾人かの音楽史の研究者にアポイントをとったのだが、そのときゴシック建築とノートルダム楽派における空間と時間の構造を比較するというアイデアを面白がって聞いていただき、音楽史研究会に参加して発表する機会につながるきっかけを下さったのが、金澤正剛先生である。

でも、なぜ建築と音楽なのか。視覚と聴覚の別ジャンルであり、関係なさそうだが、すでに本書を手にとった読者は、ある程度、推測できるかもしれない。本書の第一章「中世の音楽教育」では、当時の大学において自由七学芸として、数学、幾何学、天文学と一緒に音楽が理科系の学問とみなされていたこと、また本書の第二章においてボエティウスの音楽論が、数字の比例論に基づくものだったことを紹介している。

一方、建築も理系であり、比例や幾何学と関わりをもつことは、現代人にも理解し

やすいだろう。そこで五十嵐は、建築と音楽の形式性に注目し、ゴシック様式が誕生した一二世紀後半のイル・ド・フランスにおいて、ノートルダム楽派という新しい音楽様式が成立したことには、時空間に対する共通の認識があるのではないかと考えた。たとえば、ゴシックのデザインにおける加算的なシステムと、音楽におけるトロープスやオルガヌムなどの付加の手法。全体が先にあるのではなく、部分の増殖という考え方である。「ベイ」という空間の基本単位が登場したことと、リズム・モードの導入。そして後に基本単位を細分化していく傾向と、中世音楽理論におけるリズムの細分化。美術史家のアーウィン・パノフスキーの『ゴシック建築とスコラ学』(ちくま学芸文庫、二〇〇一年) は大聖堂と哲学の論理体系の相同性を指摘し、これを共通の精神習慣のあらわれだとみなした。この先行論文のやり方を、建築と音楽で試みたのが、先の修士論文だった。ちなみに、歴史家のホイジンガも、中世人の思考法は哲学、芸術、文学など、日常生活のいろいろな局面に表出すると述べている。

論文の審査では、冒頭にヒリヤード・アンサンブルが演奏したペロティヌスの「地上のすべての国々は見た」を一分間流してからしゃべり始めたが、おそらく東京大学の建築学科で音楽を流した発表は初めてだろう。

さて、本書では、中世音楽の特徴や理論を説明しながら、さらに想像を働かせて、どのような人々だったかを考察しているのが興味深い。例えば、第四章における、レオニウスが受けた教育、そのキャリア、またオルガヌムがどういう状況で生まれたかなどの記述だ。可能なかぎり、歴史の資料にあたった上での、あくまでも推測であることを断りながら綴られているが、こうした人物の描写が歴史を生き生きとしたものにしている。そして第六章でも、フイリップ・ド・ヴィトリとギヨーム・ド・マショーの対比的な人物像について触れており、知識として学んだ人物が無味乾燥な記号ではなくなり、実在感をもって動きだすような感覚で読むことができて楽しい。

フランスのアルス・ノヴァとイタリアのトレチェントの違いでは、建築でもこうした地域差があることを想起させる。フランスで誕生したゴシックは、イタリアではなかなか根づかず、むしろドイツやイギリスでより過剰に垂直性や面の分割が展開した。一方、イタリアでは美しい比例感覚が好まれ、ゴシックのような空間構造に傾かなかった。

比例、単位、小数

ルネサンスにおける視覚芸術は、音楽の理論を意識していた。音楽は古くから自由七学芸のひとつとして重視されていたが、絵画や彫刻、建築は下位の手仕事とみなされており、学問のレベルに高めるために、しばしば音楽理論を参照したからである。たとえば、ロマッツォの『芸術論』は、「頭の頂上から鼻までの距離は、鼻からあごまでの距離と三倍比例で反響し、ディアパゾンとディアペンテを生じる」と記した。ディアパゾンは一対二なので一オクターブのことである。また「反響」という音楽的な表現を使う。つまり、人体比に音楽の和音と同じ数字の関係を見いだせる、それゆえに人間の体は美しいというのだ。

アルベルティの『建築論』にも、「次の数によって音に均整が生まれるようになるが、その同じ数そのものが目と魂を不思議に満足させるために完全に働く」という記述がある。協和音を生む弦は、長さの比例もきれいな整数比だが、「長さ」という視覚的な要素は建築のデザインに導入できるだろう。なるほど、二対三あるいは一対二という協和音の比例は、実際の建築に使われる。ウィットコウワーの『ヒューマニズム建築の源流』は、音楽において長三度（四対五）、長六度（三対五）の和音が認められるようになると、建築論でも推奨される数と比例が拡張したと論じた。「音楽と建築はともに数の子供」（ジムソン『ゴシックの大聖堂』みすず書房、一九八五年）なのである。

ところで、「思いがけないルーツに到達する」ことは、歴史を学ぶ楽しみの一つである。本書でも四分の四拍子記号を示す「C」が、一四世紀に工夫されたメンスーラ記号に遡ることや（二四六頁）、今日の符点音符の出発点がアルス・ノヴァの「プンクトゥス・アディショニス」であること（二四九頁）が紹介されている。ただ、西洋の音楽史が現代人にも興味深いのは、表記の話にとどまらず、その理論が現代までつらなる時間概念の変化と密接につながっていることだ。クロスビーの言葉を借りれば、「中世およびルネサンス期のヨーロッパ人が現実世界の一部としての時間をどう認識していたのかを考察しようとするなら、この時代の音楽を検証する以上に適切な方法はない」（『数量化革命』紀伊國屋書店、二〇〇三年）。

当時の音楽理論を調べながら、疑問に感じたことがあった。本書でも触れているように、「テンプス」は後年の「タクトゥス」と同じ意味で用いられたが（一五九頁）、この二つの時間単位はいかにして交代したのか？　それが腑に落ちたのは、メンスーラに関して、かつては価だったという、ザルリーノやティグリーニの指摘を読んだときだった。テンプス（やモドゥスやプロラツィオ）が価ではなく規則になれば、価となる単位はタクトゥスに限ることができ、しかも特定の音価の関係だったテンプスとは異なり、タクトゥスはどの音価にも依存しない独立した時間単位となりうる。それによって、たとえばバンキエーリは各種の音符を図示し、実際にその脇に数値を書き込んでいる（《カルテッラ・ムジカーレ》、一六一四年）。

興味深いことに、類似した状況は同時代の建築にも認められる。ルネサンス期の建築理論書では「モドゥルス」という単位が存在し、その定義や用法は著者によって異なっていたが、ヴィニョーラの『建築の五つのオーダー』（一五六二年）に至って、すべての部分をモードゥロという単位によって一元的に定めるようになり、長さはすべて数値で示され、実際、挿絵に数値が書き込まれた。すなわち、中世から理論が展開した結果、建築も音楽も、近い時代に空間と時間における長さを数値化する段階に到達する。

単位を統一して長さを数値化するのは、メートルという単位を用いて長さを数値で示すという、今や当たり前の方法のおおもとになるものだ。ただ、現在は小数があるおかげで、一メートルでは割り切れない長さも自由に計測できるが、当時の数学はまだギリシアの数論の影響下にあって無理だった。今日の符点音符が、「プンクトゥス・アディショニス」に遡ることは前述したが、数式で書けば、$+\frac{1}{2}$という操作に相当する。類似した操作は、建築書でも、「AはBより$\frac{1}{4}$部分大きい（$A=(1+\frac{1}{4})\times B$）」といった記述として頻出する。長さを微調整するのに、まわりくどい方法に思えるかもしれないが、おそらく当時は不自然ではなかった。というのも、$A=(1+\frac{1}{a})\times B$に相当する数の関係とは、ボエティウスやパチョリも述べている伝統的な数比の分類にも当てはまるものだからだ。そこで扱われた数とは、整数という非連続の存在だった。現在の私たちは、時間も空間も、連続な存在として捉えているが、中世やルネサンスには数そのものが、まだ「均質な時間や空間という概念と同列に扱えるほど、均質なものとみなされてはいなかった」（『数量化革命』）。

数というものを、整数のようなばらばらな存在ではなく、連続体として捉えたのが、一六世紀の数学者シモン・ステヴィンである。彼は「数が連続量であることを明言し」、「一〇進小数を導入」した。そして、その実数の概念により、「時間的ないし空間的に変化する量についての数学的な法則化、ひいては計測量にたいする厳密な科学を可能」にしたのである(山本義隆「シモン・ステヴィンをめぐって」『科学革命の先駆者 シモン・ステヴィン』朝倉書店、二〇〇九年)。中世に始まった時間の組織化に関する議論の射程は、建築や数学を絡めながら、ここまで届くのではないか。

知としての音楽学

以上の建築と音楽をつなぐ議論は、当時の音楽家や建築家(あるいは工匠)が、こう考えたと証言していない限り、実証的な歴史学とはならない。むしろ、美学的な論考である。とはいえ、両者を相互に照らしあわせることで、中世の音楽と建築を異なる角度から考える契機になると思う。中世は、基本となるグレゴリオ聖歌を様々にアレンジすることが音楽家の仕事で、オリジナルの楽曲をつくることが当たり前の現代とは異なる社会だった。小節線を含む楽譜のシステムもまだ整備されていない。時間に対する概念も違う。現在、日本の大学は、研究費をとりやすい即効性のあるテーマを追いかけ、学生へのサービス産業化が著しいが、中世では学びたい教師がいるから知的好奇心をもつ若者が集まるという状況が大学の起源となった。そうした枠組に音楽も位置づけられている。本書は、ただ音を聴くのではなく、時代の背景を理解した上で中世音楽を鑑賞する手助けになるだろう。

菅野は高校生インターンシップでの大学訪問を受けたとき、建築と音楽のはなしをしたことがある。そのとき、ある高校生から、音楽はもっと自由に、心で聴くものですと反論された。反知性主義である。しかし、芸術を楽しむのに必要なのは本当に感性だけだろうか。おそらく人は生まれて初めて、あるジャンルの音楽を聴いたり、絵画や映画を鑑賞したとき、どう受け止めてよいか、すぐにわからないだろう。それぞれの芸術は、文法の構造や、生みだされる社会的な背景をもち、知らずに学習して楽しめるようになる。純粋に心だけで聴いているわけではない。ましてや教会で演奏された中世の音楽は、キリスト教と深い関わりをもち、本書でも論じられているように、思弁的な性格が意識されていた。建築もただ空間を感じるのには限界がある。どのような社会背景があったか、当時の技術体系、建築家が考えていたことを知ると、さらに感性が引きだされ、空間の体験はより豊かになる。こうした点も建築と音楽に共通するだろう。

（いがらし・たろう　建築史／すげの・ゆうこ　建築史）

人名索引

※姓のない人物も多いため名の読みにしたがって作成した

本書は一九九八年刊『中世音楽の精神史――グレゴリオ聖歌からルネサンス音楽へ』（講談社選書メチエ）を底本とし、加筆の上文庫化したものです。

中世《ちゅうせい》音楽《おんがく》の精神史《せいしんし》
グレゴリオ聖歌《せいか》からルネサンス音楽《おんがく》へ

二〇一五年 二 月一〇日 初版印刷
二〇一五年 二 月二〇日 初版発行

著 者 金澤正剛《かなざわまさかた》

発行者 小野寺優
発行所 株式会社河出書房新社
〒一五一－〇〇五一
東京都渋谷区千駄ヶ谷二－三二－二
電話〇三－三四〇四－八六一一（編集）
〇三－三四〇四－一二〇一（営業）
http://www.kawade.co.jp/

ロゴ・表紙デザイン 粟津潔
本文フォーマット 佐々木暁
本文組版 株式会社キャップス
印刷・製本 中央精版印刷株式会社

落丁本・乱丁本はおとりかえいたします。
本書のコピー、スキャン、デジタル化等の無断複製は著作権法上での例外を除き禁じられています。本書を代行業者等の第三者に依頼してスキャンやデジタル化することは、いかなる場合も著作権法違反となります。

Printed in Japan ISBN978-4-309-41352-5

河出文庫

歌謡曲春夏秋冬　音楽と文楽

阿久悠　40912-2

歌謡曲に使われた言葉は、時代の中でどう歌われ、役割を変えてきたのか。「東京」「殺人」「心中」等、百のキーワードを挙げ、言葉痩せた今の日本に、息づく言葉の再生を求めた、稀代の作詞家による集大成！

中世幻想世界への招待

池上俊一　41172-9

奇想天外、荒唐無稽な伝説や物語に満ちた中世ヨーロッパの世界。なぜ当時の人々は、これらの文学に熱狂したのか。狼男、妖精、聖人伝説など……その豊穣なイメージの世界への扉を開く。

映画を食べる

池波正太郎　40713-5

映画通・食通で知られる〈鬼平犯科帳〉の著者による映画エッセイ集の、初めての文庫化。幼い頃のチャンバラ、無声映画の思い出から、フェリーニ、ニューシネマ、古今東西の名画の数々を味わい尽くす。

いつも異国の空の下

石井好子　41132-3

パリを拠点にヨーロッパ各地、米国、革命前の狂騒のキューバまで——戦後の占領下に日本を飛び出し、契約書一枚で「世界を三周」、歌い歩いた八年間の移動と闘いの日々の記録。

女ひとりの巴里ぐらし

石井好子　41116-3

キャバレー文化華やかな一九五〇年代のパリ、モンマルトルで一年間主役をはった著者の自伝的エッセイ。楽屋での芸人たちの悲喜交々、下町風情の残る街での暮らしぶりを生き生きと綴る。三島由紀夫推薦。

巴里の空の下オムレツのにおいは流れる

石井好子　41093-7

下宿先のマダムが作ったバタたっぷりのオムレツ、レビュの仕事仲間と夜食に食べた熱々のグラティネ——一九五〇年代のパリ暮らしと思い出深い料理の数々を軽やかに歌うように綴った、料理エッセイの元祖。

東京の空の下オムレツのにおいは流れる

石井好子　41099-9

ベストセラーとなった『巴里の空の下オムレツのにおいは流れる』の姉妹篇。大切な家族や友人との食卓、旅などについて、ユーモラスに、洒落っ気たっぷりに描く。

十年ゴム消し

忌野清志郎　40972-6

十年や二十年なんて、ゴム消しさ！　永遠のブルース・マンが贈る詩と日記による私小説。自筆オリジナル・イラストも多数収録。忌野清志郎という生き方がよくわかる不滅の名著！

アーティスト症候群　アートと職人、クリエイターと芸能人

大野左紀子　41094-4

なぜ人はアーティストを目指すのか。なぜ誇らしげに名乗るのか。美術、芸能、美容……様々な業界で増殖する「アーティスト」への違和感を探る。自己実現とプロの差とは？　最新事情を増補。

21世紀のポップ中毒者

川勝正幸　41217-7

9・11以降、二〇〇〇年代を覆った閉塞感の中で、パリやバンコクへと飛び、国内では菊地成孔のジャズや宮藤官九郎のドラマを追い続けたポップ中毒者シリーズ最終作。

大人のロンドン散歩　在英40年だから知っている魅力の街角

加藤節雄　41147-7

ロンドン在住40年、フォトジャーナリストとして活躍する著者による街歩きエッセイ。ガイドブックにはない名所も紹介。70点余の写真も交えながら、歴史豊かで大人の雰囲気を楽しめる。文庫書き下ろし。

わたしの週末なごみ旅

岸本葉子　41168-2

著者の愛する古びたものをめぐりながら、旅や家族の記憶に分け入ったエッセイと写真の『ちょっと古びたものが好き』、柴又など、都内の楽しい週末“ゆる旅”エッセイ集、『週末ゆる散歩』の二冊を収録！

憂鬱と官能を教えた学校 上 【バークリー・メソッド】によって俯瞰される20世紀商業音楽史 調律、調性および旋律・和声

菊地成孔／大谷能生 41016-6

二十世紀中盤、ポピュラー音楽家たちに普及した音楽理論「バークリー・メソッド」とは何か。音楽家兼批評家＝菊地成孔＋大谷能生が刺激的な講義を展開。上巻はメロディとコード進行に迫る。

憂鬱と官能を教えた学校 下 【バークリー・メソッド】によって俯瞰される20世紀商業音楽史 旋律・和声および律動

菊地成孔／大谷能生 41017-3

音楽家兼批評家＝菊地成孔＋大谷能生が、世界で最もメジャーな音楽理論を鋭く論じたベストセラー。下巻はリズム構造にメスが入る！ 文庫版補講対談も収録。音楽理論の新たなる古典が誕生！

服は何故音楽を必要とするのか？

菊地成孔 41192-7

パリ、ミラノ、トウキョウのファッション・ショーを、各メゾンのショーで流れる音楽＝「ウォーキング・ミュージック」の観点から構造分析する、まったく新しいファッション批評。文庫化に際し増補。

私の部屋のポプリ

熊井明子 41128-6

多くの女性に読みつがれてきた、伝説のエッセイ待望の文庫化！ 夢見ることを忘れないで……と語りかける著者のまなざしは優しい。

海峡を渡るバイオリン

陳昌鉉 鬼塚忠／岡山徹〔聞き書き〕 40867-5

バイオリン製作の名匠、「東洋のストラディバリ」陳昌鉉。彼は十四歳で韓国から日本へ渡り、偶然聴いた弦楽器の音色に魅せられて、独学で道を切り開いてゆく。感動のノンフィクション。ドラマ・漫画化原作。

早起きのブレックファースト

堀井和子 41234-4

一日をすっきりとはじめるための朝食、そのテーブルをひき立てる銀のポットやガラスの器、旅先での骨董ハンティング…大好きなものたちが日常を豊かな時間に変える極上のイラスト＆フォトエッセイ。

アァルトの椅子と小さな家

堀井和子 41241-2

コルビュジェの家を訪ねてスイスへ。暮らしに溶け込むデザインを探して北欧へ。家庭的な味と雰囲気を求めてフランス田舎町へ——イラスト、写真も手がける人気の著者の、旅のスタイルが満載！

マーラー

吉田秀和 41068-5

マーラー生誕百五十年から没後百年へ。マーラーを戦前から体験してきた著者が、その魅力をあまさずまとめた全一冊。ヴァルターからシノーポリまで、演奏解釈、ライヴ評ＣＤ評も充実。

フルトヴェングラー

吉田秀和 41119-4

フルトヴェングラー生誕百二十五年。吉田秀和が最も傾倒した指揮者に関する文章を初めて一冊に収攬。死の前年のパリの実演の印象から、シュナイダーハンとのヴァイオリン協奏曲まで。

こんな映画が、 吉野朔実のシネマガイド

吉野朔実 40884-2

ジャンルも製作国も不問、見る価値ありの作品のみを紹介する、究極のシネマガイド。「参りました！　これ、面白映画オススメ本として完璧なんじゃないですか？」（解説より）素敵なカラーイラスト満載。

淀川長治　究極の映画ベスト100〈増補新版〉

淀川長治　岡田喜一郎〔編・構成〕 41202-3

映画の伝道師・淀川長治生涯の「極めつけ百本」。グリフィス『散り行く花』から北野武『キッズ・リターン』まで。巻末に折々のベスト５等を増補。

淀川長治映画ベスト10＋α

淀川長治 41257-3

淀川長治がその年のアンケートに応えたベスト10とその解説。そして、ベスト５。さらには西部劇ベストやヴァンプ女優、男優ベスト、サイレントベスト……。巻末対談は蓮實重彥氏と「80年代ベスト」。

ビートルズ原論

和久井光司　41169-9

ビートルズ、デビュー50周年！　イギリスの片隅の若者たちが全世界で愛されるグループになり得た理由とは。音楽と文化を一変させた彼らの全てを紐解く探究書。カバーは浦沢直樹の描き下ろし！

世界風俗史 1　先史の楽園からポンペイまで

パウル・フリッシャウアー　関楠生〔訳〕　46251-6

一九六八年に刊行され、世界中でベストセラーになった「性風俗史」。神話・伝説が語る先史人の性意識をはじめとして、エジプト、インド、ローマなど、古代文明の性生活を、豊富な図版とエピソードで描く名著！

世界風俗史 2　古代ローマから恋の時代ロココまで

パウル・フリッシャウアー　関楠生〔訳〕　46252-3

帝政ローマにおけるネロやメッサリナの悪徳と狂宴、キリスト教やイスラム教の強い影響下に抑圧され屈折した性意識を皮切りに、ルネサンス、バロックの各時代を経てロココ時代までを描く色鮮やかな性風俗絵巻。

世界風俗史 3　大革命のパリから現代の性解放まで

パウル・フリッシャウアー　関楠生〔訳〕　46253-0

十八世紀ヨーロッパで謳歌された性的不道徳、血と性的倒錯に酔う仏大革命、二十世紀の社会主義革命と世界大戦……現代に連なる各時代の性風俗の変遷を、真の人間解放への過程としてとらえる包括的風俗史。

音楽を語る

W・フルトヴェングラー　門馬直美〔訳〕　46364-3

ドイツ古典派・ロマン派の交響曲、ワーグナーの楽劇に真骨頂を発揮した巨匠が追求した、音楽の神髄を克明に綴る。今なお指揮者の最高峰であり続ける演奏の理念。

西洋音楽史

パウル・ベッカー　河上徹太郎〔訳〕　46365-0

ギリシャ時代から二十世紀まで、雄大なる歴史を描き出した音楽史の名著。「形式」と「変容」を二大キーワードとして展開する議論は、今なお画期的かつ新鮮。クラシックファン必携の一冊。

著訳者名の後の数字はISBNコードです。頭に「978-4-309」を付け、お近くの書店にてご注文下さい。